Lecciones de la Vida para la Mujer

Lecciones de la Vida para la Mujer

Jack Canfield
Mark Victor Hansen
Stephanie Marston

© 2007, Jack Canfield, Mark Victor Hansen, Stephanie Marston

Título original: *Life Lessons for Women*

© De esta edición:
2007, Santillana USA Publishing Company, Inc.
2105 NW 86th Avenue
Doral, FL 33122
(305) 591-9522
www.alfaguara.net

Traductor: Rubén Heredia
Diseño de cubierta: Antonio Ruano Gómez
Diseño de interiores: La Buena Estrella Ediciones

Agradecemos a las personas y casas editoriales que nos permitieron repro-
ducir el siguiente material. (Nota: Esta lista no incluye los relatos anónimos,
los del dominio público o los escritos por Jack Canfield, Mark Victor Hansen
o Stephanie Marston.)

La carta de amor. Reproducido con el permiso de Deborah Shouse. ©2002
Deborah Shouse.

La sabiduría de las aves. Reproducido con el permiso de Susan Siersma. ©2002
Susan Siersma.

Con la ayuda de una desconocida. Reproducido con el permiso de Beadrin E.
Youngdahl. ©2002 Beadrin E. Youngdahl. (Continúa en la página 277)

Primera edición: octubre de 2007

ISBN-13: 978-1-60396-004-5
ISBN-10: 1-60396-004-X

Índice

Ingrediente esencial #3: Cuídate

Ingrediente esencial #4: Rodéate de apoyo

Ingrediente esencial #5: Haz que tu pasión se vuelva realidad

Introducción

Lecciones de la vida para mujeres es el primero de una nueva línea de libros de la serie *Caldo de pollo*. Es un auténtico libro de autoayuda. Nos inspiramos en las historias de la serie original de *Caldo de pollo* proporcionándote herramientas, ejercicios e información prácticos para ayudarte a tener mayor equilibrio, amor, salud y alegría en tu vida.

Durante años hemos recibido decenas de miles de cartas de nuestras lectoras en las que expresan gratitud, comparten la emoción que les causó alguna de las historias o solicitan consejos. Este libro es un esfuerzo para proporcionarles más del apoyo e inspiración que encontraron en la serie *Caldo de pollo*.

No importa que seas una mamá que lidia con las labores del hogar, una profesionista que busca un equilibrio entre el trabajo y la atención a la familia, una mamá soltera que trata de compensar la ausencia del padre o una mujer que ya está cansada de estar cansada, este libro te revelará secretos sabios que te ayudarán a valorarte, saborear las experiencias cotidianas y encontrar tiempo para vivir con más alegría, vitalidad y paz en medio de un mundo caótico. Asimismo te proporcionará las claves para encontrar equilibrio y satisfacción en la complicada y estresante cotidianidad.

El libro se divide en siete ingredientes esenciales. Cada capítulo contiene las historias de los libros de *Caldo de pollo* que ya conoces y te encantan; lecciones de vida que extraen lo mejor de cada historia; herramientas básicas que contienen sugerencias para ayudarte a poner en práctica las lecciones; citas inspiracionales; recuadros llamados *Alimento para el pensamiento* y *Preguntas que conviene hacerse* para darte algo más que considerar; y los ejercicios de *El toque final* para ayudarte a incorporar lo que acabas de aprender. Todos estos elementos están planeados para ayudarte a establecer una conexión con lo que más te importa: elegir conscientemente sobre cómo invertir tu tiempo y energía, y cómo mejorar la calidad de tu vida cotidiana.

Tras la revisión de las cartas y los correos electrónicos de las lectoras, resulta obvio que la mayoría lucha por enfocarse en sí misma, en sus necesidades y sueños. Gran parte de su valor proviene de su capacidad para entender y satisfacer las necesidades de otras personas. Sin embargo, muchas de ustedes quieren regresar al principio de la ecuación. Quieren empezar a atender primero sus necesidades y anhelos, descuidados u olvidados por largo tiempo. Quieren recolocarse en el centro de su propia vida. Pero para que esto ocurra, necesitas aprender a equilibrar tus responsabilidades para con los demás con las que tienes para contigo misma, las obligaciones con el goce, el trabajo con el esparcimiento, la actividad con el descanso.

Cuando empieces a recordar lo que es más importante en tu vida, cuando vuelvas a encender tus esperanzas y sueños, cuando vuelvas a comprometerte con tus valores y creencias, redescubrirás tus anhelos más profundos y recobrarás tu alegría, sabiduría, pasión, entusiasmo, seguridad en ti misma y vitalidad. Entonces podrás crear la vida para la que en verdad estás aquí.

Lecciones de la vida para mujeres es un regalo de nosotros para ti. Te ayudará a redescubrir tus fortalezas y reconocer lo que amas y lo que añoras. Te mostrará cómo transformar tu vida con siete ingredientes esenciales, uno por uno. Recuerda que este libro fue creado con el fin de inspirarte para encontrar mayor equilibrio y plenitud, y para reconectarte con tu pasión. No importa cuán grandes sean tus anhelos, no importa cuán numerosos sean tus reclamos, ahora es el momento de realizarte.

Con esto en mente, te ofrecemos *Lecciones de la vida para mujeres*. ¡Que experimentes la inspiración, el apoyo y el ánimo que necesitas para convertirte en la mujer alegre y asombrosa que siempre has debido ser!

Jack Canfield, Mark Victor Hansen y Stephanie Marston

Recupérate

Primero ámate y todo lo demás se acomodará. En verdad tienes que amarte primero para hacer que cualquier cosa ocurra en este mundo.

Lucille Ball

☕ La carta de amor

Debo hacer el compromiso de amarme y respetarme como si mi vida dependiese del amor y del respeto a mí misma.

JUNE JORDAN

"Quiero que te escribas a ti misma una carta de amor", susurró el instructor. "Cierra los ojos y visualízate como la persona más gloriosa del mundo. Tú eres la amada perfecta. Ahora abre los ojos y escribe."

Pasé a sentarme en una silla de madera. Me había inscrito a una clase de dos horas en "Happiness" ("felicidad", "dicha") y me sentí bombardeada por exhortos positivos, afirmaciones elocuentes y expresiones de felicidad. Antes había corrido al baño, me había mirado al espejo asegurándome a mí misma que era hermosa. Traté de pasar por alto ese barro a punto de brotar en mi nariz, las arrugas que salían junto a mis ojos o la hermosa rubia que estaba junto a mí y que, con ardor y con razón, se susurraba a ella misma, "eres tan hermosa".

"No estás escribiendo", señaló el maestro. Suspiré y busqué en mi bolsa un pedazo de papel. En el dorso de un recibo de compra, escribí: "Querida Deborah, necesitas más tiempo a solas. ¿Por qué siempre te inscribes a clases de autoayuda? Contrólate. Atentamente. D."

Dejé mi pluma y miré mi reloj. "Sólo cincuenta y cinco minutos más de "felicidad", pensé. Cuando llegué a casa, revisé el buzón, saqué un montón de sobres blancos e imaginé:

"¿No sería fabuloso que uno de estos sobres contuviese una verdadera carta de amor de algún ex amante inconsolable, admirador secreto o ex esposo arrepentido?"

El buzón estaba lleno de intentos de convencimiento, alegatos y promesas. Una compañía de tarjetas de crédito me aseguraba que cada cargo en sus cuentas recargaba de energía al mundo. Una agencia de transportes a larga distancia juraba que "entre más lejos llegara con ellos", más dinero ahorraría. Un club de lectura prometía convertirme en escritora siempre y cuando primero me convirtiera en su suscriptora.

No había un solo trozo de papel que aludiera al misterioso tono de mis ojos o al vibrante color de mi cabello. Ni una mención a la musicalidad de mi voz o a la suavidad de mi tacto.

Entre más pensaba al respecto, más me atraía la idea de una carta de amor. Preparé una taza de té, me senté a la mesa de la cocina y mentalmente estudié el terreno: mi pareja quizá me enviaría por fax una nota amorosa, me dirigiría un mensaje cariñoso por correo electrónico o me dejaría un recado sensual en el buzón de voz. Pero no conocía a ningún hombre que pudiera escribirme una carta de amor.

Así pues, decidí escribir una para mí misma. Primero puse un poco de música de Johnny Mathis, apliqué en mi cuello unas gotitas de Obsession, encendí la única vela que pude hallar —una diminuta vela verde de cumpleaños— y la inserté en una pieza de pan de siete granos. Luego cerré los ojos, tarareé *Chances Are* y traté de recordar las cosas que más me gustan de mí misma. Me sentí como si estuviese usando zapatos de tacones altos que apenas me quedaran.

¿Cuáles fueron las palabras de mi héroe de la preparatoria en la efusiva carta de amor que me escribió tras nuestro primer beso? "Eres la chica más auténtica que conozco". ¿Qué decía la nota que me escribió mi enamorado de la universidad? "Eres la única chica que amaré". Me pregunto si después repitió la promesa a cada una de sus tres esposas.

"Escribe lo que te salga", me dije tal como me lo había recomendado el maestro. Garabateé deprisa unas cuantas líneas en la parte trasera de un viejo sobre, y entonces, decidí que por esta única ocasión usaría algunas hojas del precioso papel nacarado que había comprado para algún amado de fábula. Cuando tomé mi pluma favorita, mi mano sudaba.

"Querida Deborah", escribí, "admiro la manera en que ayudas a otras personas. Sé cuánto te esfuerzas y preocupas por ser suficientemente buena. Deborah, eres una persona generosa. Atentamente, D".

Leí la carta y fruncí el ceño. Sonaba como el juramento de los Boy Scouts (niños exploradores) mezclado con Codependientes Anónimos. De seguro había una Lady Godiva, una Anna Karenina o una Anaïs Nin en algún lugar dentro de mí.

Saqué un poco de esmalte para uñas y me las barnicé. Pinté mis labios de carmesí. Puse la pluma sobre el papel y mi mente quedó en blanco. De tal modo que me senté hasta que a Johnny Mathis se le agotaron las canciones.

Entonces llamé a un antiguo novio de quien sabía que fue un seductor. "¿Por qué solíamos pelear?", le pregunté, no sin antes inquirir por la salud y el bienestar de su atesorado MG clásico.

"Tú querías más atención. Yo no era lo bastante romántico o puntual para ti. Había otras cosas, pero ya las olvidé. ¿Te comenté que le pinte el techo de verde al MG? Deberías verlo a la luz de las estrellas."

En verdad lo había visto a la luz de las estrellas demasiadas veces. Colgué el teléfono y escribí: "Querida Deborah, tú eres mejor que cualquier auto. Eres romántica y siempre llegas a tiempo. Puedo llevarte a donde sea y nunca tengo problemas para estacionarte."

Entonces supe por qué las librerías venden colecciones de lujo de las mejores cartas de amor del mundo. Si son tan difíciles de escribir, no debe haber demasiadas. Di vueltas por la habitación, determinada a escribir al menos una postal de amor.

"Querida Deborah, tienes un genial sentido del humor. Nunca te das por vencida y siempre eres lo más linda, lista y creativa que puedes. Disfruta de cada momento asombroso, deliciosa criatura. Con amor, Yo".

¡Ah!, esto era más romántico. Sentí un revoloteo de emoción a medida que releía la carta. Recordé mi promesa de estar enamorada de la vida y disfrutar cada día.

Tengo una caja donde guardo las cosas maravillosas que me han escrito. Ahí guardé mi carta de amor. Me recosté en el sofá sintiéndome glamorosa y deseada. Por supuesto, sé que tal vez llegue un día, quizá incluso mañana, en que el encanto de la carta de amor disminuya, en que no pueda pensar en lo bueno de mi vida. Entonces tomaré mi caja, y en medio de cartas de amantes, amigos y familiares, encontraré la hoja nacarada y las palabras de la persona más dura, estricta y exigente que conozco. Y enfrentaré el increíble reto: *Amarme*.

Deborah Shouse

Lección de vida #1:
Realiza un inventario de tu vida

La mayoría de ustedes anhelan algo más —más tiempo, más dinero, más amigos, una mejor relación con su cónyuge o familia—. ¿Cuántas veces te has escuchado decir: "¡Ojalá tuviese más tiempo para mí!" "¡Este estrés me está matando!"

"¡Tengo que ejercitarme y mejorar mi figura!" "¡Quiero que mi vida sea más divertida!" "¿Cómo voy a hacer que rinda mi sueldo?" "¿En qué se me fue el día? ¡Siento que no he hecho nada!"? ¿Te suena conocido?

No importa que seas una mamá que lidia con las labores del hogar, una profesionista que busca un equilibrio entre el trabajo y la atención a la familia, una mamá soltera que trata de mantenerse a flote o una mujer que ya está cansada de sentir que su existencia es como una noria, tú tienes una opción: puedes crearte una vida que verdaderamente ames.

El primer paso para lograrlo es mirar atrás en tu vida, no con un ojo crítico, sino con la intención de descubrir el hilo conector que dé ritmo y significado a tu vida. Al recordar nuestra vida nos recuperamos a nosotros mismos y reunimos nuestras prioridades y pasiones olvidadas. Pero para hacerlo tienes que saber quién eres y qué es lo que en verdad te importa.

> *El amor a uno mismo es el principio de un romance que dura toda la vida.*
>
> *Oscar Wilde*

Tienes que preguntarte: ¿Qué es lo que amo? ¿Cuáles son mis valores y creencias fundamentales? ¿Cuáles son mis propias necesidades y deseos? ¿Cómo puedo crearme una vida que se ajuste a quien soy ahora y no a quien he sido? Esta comprensión te proporcionará una oportunidad para la reevaluación y, de ser necesario, para corregir el camino.

**Yo me aprecio y me valoro,
pues he hecho cosas extraordinarias.**

La sabiduría de las aves

Tras terminar de criar a nuestros tres hijos, mi esposo y yo compartíamos más tiempo juntos, y creíamos que en un futuro no muy lejano tendríamos *un poco de dinero en el banco*. "¿Acaso no será fabuloso cuando nos retiremos?", se volvió una pregunta frecuente en nuestras conversaciones. Entonces llegó un año inolvidable y todo cambió.

Aquél fue uno de esos años en que uno escucha que su voz interior le susurra: "¿Qué más puede salir mal?" La salud de mi mamá se deterioraba muy rápido y nuestra hija separada había regresado con nosotros tras haber dado a luz a una bebé. Durante el invierno anterior la madre de mi esposo había muerto de una manera lenta y cruel por causa del Alzheimer y a su padre lo habían hospitalizado tras una cirugía de emergencia. El estado mental y físico de mi esposo empezó a deteriorarse con el peso de los problemas de la vida. Nuestros amigos y familiares también parecían tener su buena ración de dificultades. Luego ocurrió el 11 de Septiembre. De repente el empleo aparentemente seguro de mi esposo se volvió muy inseguro a medida que la economía se tambaleaba. La vida se volvió una lucha y nuestro matrimonio zozobraba en medio de la tensión.

La debilitada condición emocional de nuestra hija, provocada por la repentina partida de su pareja, quien iba a atender a la bebé, me puso en la necesidad de solicitar un permiso para ausentarme de mi empleo como auxiliar de educación especial. Yo cuidaría de mi nieta mientras mi hija concluía sus prácticas de enseñanza, que eran la parte de su carrera —maestra de educación básica— que necesitaba terminar para asegurar su futuro. Aunque yo había sido una empleada diligente de mi distrito durante once años, se me negó la licencia sin paga que solicité. Por desgracia, era un mal momento: había un nuevo superintendente y un nuevo supervisor de educación especial y ninguno de ellos me conocía. No sabían que los últimos once años yo me había dedicado por completo a mis alumnos de educación especial. Dejar un trabajo satisfactorio y estable implicaba un lastre a mi economía y una decisión difícil, pero mi corazón sabía que ésa era la única opción *correcta*.

Desde niña, mis padres me habían inculcado el amor por la naturaleza, lo mejor y lo más bonito que la vida ofrece sin costo alguno. Ahora más que nunca necesitaría volcarme en ese amor por la naturaleza; eso me proporcionaría la fuerza necesaria para reponerme de esos tiempos aciagos. Comencé a dar caminatas con mi nieta y descubrí que cuando regresaba a casa me sentía renovada tanto en lo físico como en lo espiritual. Había llegado el otoño y Alyssa reía encantada cada vez que yo colocaba una hoja o un diente de león en la bandeja de su andadera.

A medida que los árboles quedaban desnudos, empecé a notar nidos de aves que habían estado ocultos tras el denso follaje veraniego. "Alyssa, mira un nido de pajaritos", decía yo. Uno de los más bonitos que hallamos era uno pequeño y circular creado con restos de pasto seco. Su tejido era compacto, fuerte y, sin embargo, suave al tacto. Sin duda habría competido con alguna de las creaciones de Frank Lloyd Wright. Algunos estaban construidos con plumas, pelusa y pelo animal. Sin embargo, otros eran obras maestras de pelos de maíz, restos de cordel, hierba de pascua y celofán. ¡Qué pájaros tan ingeniosos! Cada día mis ojos eran atraídos hacia arriba conforme descubría más nidos. Algunos estaban reforzados con lodo, lo cual les daba cimientos supersólidos. Aunque hubiese viento, lluvia, truenos o rayos, los nidos se mantenían firmes. Yo empecé a pensar en la vida de las aves —qué sencilla y a la vez qué dura era—. Pensé que no importaba qué obstáculos se atravesaran en su camino, ellas se las arreglaban para superarlos y sobrevivir. Y sin falta empezaban cada nuevo día con un canto.

Aquellos paseos trajeron paz a un periodo extremadamente difícil de mi vida. Por medio de mis observaciones de la naturaleza tuve fe de que todo se resolvería y nosotros sobreviviríamos. Al igual que los nidos de las aves, nuestra familia también tenía cimientos sólidos. Ahora llevábamos una vida más sencilla, gastábamos sólo en lo necesario y nos volvimos cada vez más prácticos. Durante las tormentas, los valientes pájaros vuelan muy juntos, y la turbulencia de aquel momento pareció juntar a nuestra familia. De la misma manera que los pajaritos inician cada día con un canto, nosotros empezamos a escuchar música bella más a menudo. Una sensación de tranquilidad empezó a asentarse en nuestro hogar.

El tiempo tiene una manera de curar y suavizar las partes dolorosas de nuestra vida. Poco a poco empezamos a ver las cosas desde una perspectiva distinta. Una tarde, mientras paseaba con mi nieta, recibí el mensaje más extraordinario de todos los que me han dado las aves. "Mira a esos gansos, Alyssa", exclamé mientras una bandada de gansos volaba sobre nosotros con una perfecta formación en V. Por alguna extraña razón un ganso se separó del grupo y empezó a volar en una dirección totalmente diferente. La parvada cambió por completo su curso y poco a poco alcanzó al miembro caprichoso. Mientras observaba este espectáculo sencillo y bello no pude sino pensar en mi familia. Parecía que nuestra vida también había perdido el rumbo durante un tiempo.

Pero con valor, fortaleza interior y amor puro retomó su camino y triunfó. Sabía que todo iba a estar bien.

Susan Siersma

Lección de vida #2: Reconoce tus fortalezas

La inmensa mayoría de la gente piensa que la crítica o el juicio pueden hacer que uno se sienta obligado a cambiar. Pero esto raras veces funciona. Casi nadie responde bien al descrédito; en realidad las personas suelen tornarse defensivas y resistentes. Tú no eres distinta. Para realizar los cambios necesarios para decidir la vida que quieres, tienes que cambiar tu posición: en vez de enfocarte en tus fallas y limitaciones, reconoce tus fortalezas, talentos y cualidades. Tú tienes que crear cimientos para el amor y la ayuda.

Pero no nos malinterpretes. Nosotros no sugerimos con esto que niegues tus aspectos negativos, sino que mantengas una visión equilibrada y compasiva de ti misma. Todo lo que has hecho y amado, cada error que has cometido, cada obstáculo que has superado forman parte de la mujer que eres ahora.

Preguntas que conviene hacer

- ¿Cuáles son los tres logros en mi vida que más me enorgullecen?
- ¿Cuáles son mis cinco mayores fortalezas, talentos y cualidades? (Sí, en verdad los tienes. Si te tomas un tiempo, encontrarás que tienes muchos más que cinco.)
- ¿Cómo utilizo mis dones y fortalezas en mi vida cotidiana?
- ¿Existen formas para dar un mejor uso a mis recursos?

Los cambios ocurren de manera más efectiva si se basan en la aceptación y la ayuda. Es esencial que tengas una relación comprometida y cariñosa contigo misma. La única manera en que crearás una vida que ames es con un acto cariñoso y compasivo en cada momento. Tienes que amarte y apreciarte en tu totalidad. Necesitas contar contigo misma si es que quieres cambiar las cosas que te impiden alcanzar el máximo potencial en tu vida.

Lo que no te mate... sólo te hará más fuerte.

Friedrich Nietzsche

Yo me reconozco y me acepto por quien soy.

Con la ayuda de una desconocida

*Si no haces las paces con quien eres, nunca estarás contento
con lo que tienes.*

DORIS MORTMAN

Conocí a la amiga de una amiga cuando ellas me incluyeron en sus planes para ir a comer. Como mi amiga es una persona bastante fuera de lo común, yo podría haber previsto que sus amigas entrarían potencialmente en la categoría de "especies no tradicionales". Por ende, no me sorprendí cuando me llevaron a una casa decorada de manera ecléctica con restos exóticos de lugares extraordinarios. En aquel "búngalo" ribereño no había colecciones de cucharas ni bolas de cristal con motivos navideños. Pero sí había una cáscara de coco tallada a manera de tótem con el aspecto de mi anfitriona. "Un regalo del chamán", explicó ella por casualidad.

Durante el almuerzo fingí estar en perfecta calma, pues noté no una sino cuatro avispas que rondaban una planta que colgaba sobre nosotros en la cocina. "Oh, yo las rescaté. Tenía que salvar su panal y ellas viven aquí y en el patio. No te harán daño."

Y no lo hicieron.

Ella se ganaba la vida como fotógrafa artística independiente. Sus obras estaban dispuestas con muy buen gusto en grupos pequeños. Su nombre era algo etéreo, lleno de "as" y "erres" que requerían hacer rodar la lengua con libertad. Era uno de los seres humanos más auténticos que había tenido la oportunidad de conocer.

Y así, en presencia de la variada colonia de avispas, de agua helada con el más fresco toque de limón y de un almuerzo de humus con pan árabe, aquella criatura tan *sui géneris* me atendió de manera total, atenta, sincera y con genuino interés, y me dijo: "Cuéntame sobre ti".

Quiero creer que soy bastante elocuente —tras haber asistido a tantas despedidas de soltera y reuniones de trabajo de mi esposo, sé lo que es una charla trivial—, pero nada me había preparado para aquel "cuéntame sobre ti".

"Bueno, yo ..."

¡En verdad quería saber sobre mí!

"Supongo que..."

Ella todavía estaba atenta. Quería que le hablara sobre *mí*.

Entonces, creo haberle mencionado algo sobre mi profesión de enfermera o sobre ser abuela o algo acerca de los inviernos en Minnesota. No estoy segura. De hecho, estaba bastante insegura de mi papel en esa pregunta, e incluso, de mi papel en mi propio mundo.

Aquella pregunta amable fue un regalo para llevar a casa. En el fondo, no creo que se me haya hecho para responderla en ese momento, o nunca, a aquella mujer. Si yo no soy lo que hago, o una persona en una relación, o la residente en un lugar en particular, sino todo eso y nada de eso, entonces, ¿qué sé de mí?

Si yo pudiese regresar a aquel comedor con avispas susurrando sobre nosotras (pero seguras en presencia de la anfitriona, sin duda), trataría de responderle. Hablaría sobre las cosas que deseo y las que me ponen feliz de manera inesperada, o sobre los pensamientos más oscuros que alguna vez han salido de mi mente. Quizá le contaría acerca de cosas que finjo ser, sentir o entender sin creerme un ápice de ello; por ejemplo cuando debería estar triste pero en realidad sólo me enojo, o cuando parezco arder de ira pero en verdad me siento helada de miedo. ¿Qué tal si le contara sobre todas las cosas que me pregunto y cuán pocas sé de ciertas?

Por eso, en los días en que me domina la incertidumbre y me siento tentada a entregarme a un patrón de caos interior, puedo conducirme, sólo por un momento, de vuelta a esa acogedora y bendita mesa en aquella casa ribereña y decirme: "Déjame saber algo más sobre *mí*."

Soy yo quien necesita prestar atención a la conversación que sigue.

Beadrin Youngdahl

Lección de vida #3:
Logra conocer a tu verdadero yo

En este momento quizá te preguntes: "¿A qué se refieren con esto? Yo me conozco. Después de todo, estoy conmigo misma las veinticuatro horas del día, los siete días de la semana. ¿Qué tanto más me puedo conocer?" Lo cierto es que dedicas tanto tiempo a tus relaciones con otras personas que a menudo descuidas la relación más importante de todas, que es la relación contigo misma.

La mayoría de las mujeres están tan atrapadas en sus actividades cotidianas que han olvidado quiénes son en realidad. Cuando alguien te pide que te presentes, ¿acaso respondes diciendo lo

Auténtico
Digno de aceptación o crédito, por corresponder a los hechos o la realidad/ Genuino, verdadero, de buena fe/ Ser real y exactamente lo que se dice ser.

que haces, donde vives o a quién conoces? Es cierto que de la respuesta se derivan aspectos importantes de tu vida, pero no constituyen tu vida entera o al menos no deberían constituirla.

Las mujeres están tan identificadas con sus papeles de madres, esposas, cuidadoras, hijas y, a veces, profesionistas, que suelen perder la pista de ellas mismas. Las mujeres olvidan que están más allá de esos papeles. Olvidan quiénes querían ser, aquello en lo que soñaban convertirse, lo que aman y lo que valoran. Y, en efecto, han olvidado su *yo*. Quizá te preguntes a que *yo* nos referimos aquí.

Aunque quizá se le conozca con diferentes nombres —tu verdadero yo, tu yo esencial, tu yo sabio—, se trata de la parte de ti que es eterna y no disminuye con el tiempo. Es tu alma que se hace evidente.

Muchas mujeres han enterrado su auténtico yo bajo una fachada creada para complacer a otras personas o para ser aceptadas por la sociedad. Sin embargo, el esfuerzo para mantener esta imagen es agotador y autodestructivo, y se necesita demasiada energía para conservarlo. Es hora de que te liberes de la vida programada que has tenido y busques saber quién eres en las profundidades de tu ser. Desecha todo lo no esencial y descubre tu auténtica identidad. ¡Recupera a la mujer que eres en verdad!

Preguntas que conviene hacerse

- ¿Cómo me ven las personas importantes en mi vida? ¿Para qué recurren a mí?
- ¿Qué papel desempeño más a menudo: administradora, maestra, niñera, inversionista, rebelde, diplomática, la responsable?
- ¿De qué me ha servido desempeñar ese papel? ¿Aún me funciona?
- ¿Cómo me ha impedido ese papel hacer otras cosas que en verdad disfruto?

Recuerda lo que es más importante en tu vida. Recuerda tus esperanzas y sueños. Descubre o redescubre tus anhelos más profundos. Para lograrlo, necesitas embarcarte en una misión de búsqueda y rescate psicológicos con el fin de indagar en tu vida y recuperar tu alegría, sabiduría, pasión, entusiasmo, confianza propia y vitalidad, es decir los hilos de tu verdadero yo que perdiste a lo largo del camino.

Crear una vida que ames requiere de valor, compromiso y perseverancia. Tú lo tienes todo. El llamado ahora es para que seas auténticamente tú misma.

Ahora yo me reencuentro con mi yo auténtico y recupero mis alegrías y pasiones verdaderas.

Sigue a tu corazón

Yo soy una enamorada del océano, y aunque he vivido la mayor parte de mi vida lejos del mar, en verdad me encanta. Cuando cumplí cuarenta y dos años había añorado el mar por tanto tiempo que empecé a sentir que mi alma moría.

Yo he sido madre soltera de cuatro hijos desde que el más joven era un niño pequeño. Crié a mis hijos sola, y aunque sufrimos pobreza y dificultades, también tuvimos muchas alegrías, y éramos felices volando cometas y paseando por las colinas de nuestro pueblo. Desde entonces, había que tener mucho valor y determinación para hacer el mejor papel que se podía a favor de esos cuatro hijos bajo mi cuidado. Odiaba mi trabajo y ansiaba que mis tres hijos mayores terminaran la preparatoria. Sentía que sólo contaba el tiempo mientras se me iban años preciosos. Miraba a mi alrededor, al escenario del valle del Okanagan que a todos los demás encantaba. Pero para mí aquel era el escenario equivocado. Un tranquilo lago en lugar de olas espumeantes; laderas color marrón en lugar de un bosque salvaje y verde. Me encontraba en el lugar equivocado y sentía que mi existencia se reducía a llevar bolsas llenas de víveres a casa.

Al celebrar aquel cumpleaños, el número cuarenta y dos, a finales del otoño, mi hermana me regaló un paseo para ver la migración de las ballenas grises en las afueras de Tofino, en la salvaje Costa Oeste que tanto anhelaba conocer. Aunque nunca había visto aquel lugar, sabía que ahí las olas serían salvajes y la naturaleza se manifestaría en su forma más libre e indomable por el hombre.

Fue una experiencia tan perfecta como tenía que ser: estábamos justo bajo un zodíaco, el océano permanecía sereno, había ballenas por doquier, el día era claro y cada detalle se apreciaba bien. Cuando apagamos el motor de la lancha y nos dejamos llevar por la corriente, llegamos junto a las ballenas. En verdad les importaba tan poco nuestra presencia que una de ellas pasó junto a nuestro bote casi rozándolo, lo cual me hizo estremecer de emoción. Pasamos unas rocas cubiertas por leones marinos, los cuales gruñían imperiosos a nuestro paso con un extraño sonido que me fascinó; nos sentamos bajo un enorme nido de águila y observamos al ave residente, quien nos devolvió una mirada tímida; unos pajarillos de pico anaranjado revoloteaban serenos sobre unas olas vecinas; exploramos unas caletas arboladas y hallamos una cascada. Y justo sobre ella, conforme regresábamos a la playa, el atardecer esparció ante nosotros toda su paleta de colores. Aquello era la perfección. Los guías —y dueños de la lancha— eran ecologistas; hablaron de salvar este precioso ecosistema a punto de morir, esta última etapa del antiguo desarrollo. Todo lo que amaba, anhelaba y creía estaba aquí, y me pregunté: *¿Por qué no estoy aquí también?*

Antes de irnos, nos detuvimos brevemente en la playa, y entonces el día se encontraba en el ocaso. Yo regresé a mi casa en el valle del Okanagan, a mi odiado empleo y a padecer una persistente depresión a medida que avanzaba el invierno. Después de algunas semanas, escribí una carta a la mujer que me había llevado a ver las ballenas en la que exponía lo afortunada que era al vivir su sueño y cómo conocer la misma Costa Oeste había sido también vivir el mío. La escuché mencionar que no había sido capaz de encontrar a alguien que pudiese hacerse cargo de sus labores tan bien como ella y que fuera capaz de suplirla, de modo que le permitiera disponer de más tiempo libre. En la carta, me aventuré a preguntar si acaso yo podría ser esa persona, si tal vez hubiera ahí un lugar para mí.

No hubo respuesta y el invierno avanzó. La luz de mis ojos se apagaba y las paredes se cerraban a mi alrededor. Yo me sentí atrapada por la necesidad de ganarme la vida y mantener a los niños, y por mi soledad (había esperado mucho tiempo a que llegara el hombre correcto y me ayudara a cambiar mi vida, lo cual me parecía demasiado difícil y tenía miedo de hacerlo sola). Obtuve el reconocimiento de una jefa sensible, quien notó que mi espíritu vacilaba. Así que me animó a tomar la capacitación para ser supervisora y solicitar dicho puesto para dejar mi odiado trabajo y con ello poder cambiar de departamento y también de jefes. Aprobé la capacitación, obtuve el puesto y por primera vez gané dinero suficiente como para no tener que preocuparme a diario por la comida y las cuentas.

Con la llegada de una carta proveniente de Tofino el Universo, justo entonces, me colocó frente al dilema en que me ha puesto varias veces en mi vida: la *seguridad* continua (un gran problema para una madre soltera acostumbrada a la pobreza) o la vida de mis sueños: un trabajo de medio tiempo a seis dólares la hora, pero en Tofino, donde yo más anhelaba estar.

Aunque batallé a causa de la incertidumbre y la enormidad de la decisión, casi no tenía dudas. Si bien es cierto que estaba aterrorizada y necesitaba una seguridad que no había encontrado ahí, sabía que debía elegir entre seguir a mi corazón o renunciar a mi sueño por razones económicas y permanecer en el lugar donde mi espíritu moría. Yo sabía que no podría vivir sin un sueño.

Fue bueno que en aquel momento no supiese lo que aquella decisión conllevaría: la escasez de viviendas de alquiler de cualquier tipo, fuesen o no costeables para mí; la necesidad de trabajar dos o tres medios turnos en varios empleos mal pagados para sobrevivir; el agotamiento; la lucha constante; la mudanza continua durante los primeros años.

Lo que sí supe fue que desde el momento en que planté mis pies en la playa, la voz anhelante de mi interior quedó acallada. Me sentía en casa, en el hogar de mi espíritu, el sitio en el mundo que era adecuado para mí. La noche que recorrí Long Beach en la camioneta de mudanzas rentada observé el Sol como una gigantesca bola anaranjada que se sumergía en el horizonte mientras que el cielo era un cuadro de Gauguin. Mientras tomaba un respiro para bajar las cajas y ponerlas en la entrada de la casa, vi una ballena en la bahía, ¡una ballena frente a la entrada de mi casa! Era el Universo que me saludaba. ¡Un sueño hecho realidad!

Por diez años he caminado extasiada por algunos de los paisajes más espectaculares y hermosos del planeta. Desde entonces, todos los días la alegría y la gratitud han resonado en mi corazón ante la contemplación de tanta belleza que me he regalado. Hoy siento en mí una plenitud con mayor valor que cualquier cantidad de dinero.

Tomar aquella decisón requirió de un enorme valor, pero yo seguí a mi corazón y convertí mi sueño en realidad. También aprendí que no hay mayor seguridad que aquella que llevamos en nuestro interior. Tenemos una voz interna que nos guiará por cada una de las etapas de nuestro camino cada vez que nos detengamos un poco y decidamos escucharla. Cuando hacemos caso a esta sabiduría interior, nuestra vida se enriquece completamente. La guía para nuestro viaje puede y, en verdad, debe estar trazada por nuestro guía interno, y debe llevarnos al cumplimiento de nuestros sueños.

Sherry Baker

Lección de vida #4:
Sé fiel a ti misma

Al final de una larga vida, el rabino Zusia anunció antes de su muerte: "En el mundo por venir, nadie me preguntará por qué no fui Moisés. Me preguntarán: '¿Por qué no fuiste Zusia?'".

Me pregunto en verdad, ¿por qué no es cada mujer la persona que debería ser? ¿Por qué las mujeres se esfuerzan por ser personas distintas de quienes son en realidad? Ha llegado el momento de dejar de intentar ser lo que tus padres esperaban que fueses o lo que tu esposo, pareja o hijos quieren que seas. Es tiempo de que antepongas lo que es genuino y auténtico de ti misma.

Si exploramos en nuestro interior, descubriremos que poseemos justo lo que deseamos.

Simone Weil

Como mujeres jóvenes, muchas de ustedes buscan su identidad y satisfacción en el mundo exterior. Durante la primera mitad de su vida, eso es apropiado; sin embargo, a medida que tienen éxito, empiezan a sentir que debe haber algo más. El énfasis que esta cultura pone en ser exitosas promueve que pasen por alto la importancia de su vida interior.

Una buena forma de restablecer comunicación con tu yo esencial es escuchar la voz apacible y serena de tu corazón y, sobre todo, practicar un sabio precepto del filósofo Diógenes: "Conócete a ti mismo".

Shakespeare dijo: "Sé fiel contigo mismo"; Platón aconsejaba: "Una vida sin examinarse no vale la pena vivirla"; y Jesús repetía a sus seguidores: "El reino de Dios está dentro de ustedes". Ahora debes hacer una elección: la elección de cómo vivirás tu vida. ¿Sucumbirás ante la necesidad de sacrificarte a ti misma y complacer a otras personas o descubrirás un propósito más profundo y auténtico?

Hoy antepondré lo que es genuino y verdadero de mí misma.

🍵 Visión desde un nido vacío

···

Tú eres el héroe de tu propia historia.

MARY MCCARTHY

Hace años, cuando escuché por primera vez la expresión *nido vacío*, me pareció una situación agradable en donde estar. Yo tenía tres niños pequeños, y la idea de despertar en la mañana bien descansada y sin unas diminutas manos abriéndome los ojos a la fuerza, me resultaba bastante atractiva.

Supuse con razón que viviendo en un nido vacío podría ponerme ropa sin manchas de baba, completar las frases al hablar con mi marido y llevar una bolsa sin juguetes chirriantes, chupones o restos de galletas.

Pensaba en lo maravilloso de una cena sin leche derramada, una casa sin lloriqueos constantes, paredes sin manchas de huellas digitales y poder dormir de corrido toda la noche. Podría empujar un carrito de supermercado que estuviese lleno de víveres en lugar de niños. Sin embargo, cuando alcancé esa meta tan deseada, me resultó decepcionante. En los hechos, el nido vacío ya no parecía tan atractivo. Esto se debía en parte a que los años transcurridos habían disuelto muchas de las partes desagradables de la maternidad. Desde hacía tiempo nadie había escupido sobre mí ni había llorado para que le diesen de comer a altas horas de la noche. Nadie había necesitado que lo bañasen, vistiesen o le atasen las agujetas diez veces al día. Justo cuando los niños se convirtieron en una compañía agradable, se fueron. ¿Acaso no existe justicia?

Cuando pasaba por las tres habitaciones vacías trataba de no mirar su interior. Aun cuando las camas estaban impecablemente tendidas a los cuartos les faltaba algo. El osito de peluche tuerto ya no estaba en su lugar favorito del piso. Los libros escolares, papeles y frascos de spray para el pelo habían desaparecido. Las puertas de los armarios escondían sus espacios vacíos, los cuales alguna vez estuvieron repletos.

Cuando, a rastras, logré salir de mi depresión para dar un vistazo alrededor, noté que mi querido esposo Jack se veía casi igual que cuando me enamoré con locura de él. Aunque mostraba un ligero desgaste, los años le habían sentado bien. Con amor, miré las canas de sus sienes, las cuales sabía con exactitud de donde provenían. Me descubrí riendo al percatarme de que los pliegues de su rostro no eran arrugas de preocupación sino líneas que se formaron a causa de las sonrisas.

Me senté a mirarlo, y mientras lo hacía, me di cuenta de que mi nido no estaba vacío después de todo. Aún retenía a esa persona especial con quien había decidido compartir mi vida. En el silencio de aquel nido vacío nos iba a ser más fácil encontrarnos el uno al otro. Al contemplarlo, me preguntaba si quizá, sólo quizá, podríamos reencender la chispa de la vida que una vez encendimos. Y entonces, como si hubiese escuchado mi pregunta silenciosa y me respondiera, él me miró y me guiñó el ojo.

June Cerza Kolf

LECCIÓN DE VIDA #5:
DESCUBRE QUÉ LUGAR OCUPAS
EN LA HISTORIA DE TU VIDA

Cada una de ustedes ha vivido muchas vidas. Y no se trata aquí de la reencarnación sino de los capítulos de la vida a través de los cuales se evoluciona —niñez, adolescencia, adultez, matrimonio, maternidad y, para algunas, el divorcio o la viudez—. En cada capítulo has experimentado penas y alegrías. Pero lo más importante es que has desarrollado inclinaciones, patrones y preferencias. Es hora de que te conviertas en detective e investigues tu propia vida.

Cada una de tus experiencias proporciona una pista de los valores sobre los que has construido tu vida, de las cosas que has amado, de los sueños que has realizado, de los momentos de satisfacción que has deseado. Esas pistas te revelarán lo que necesitas para crear una vida más auténtica y satisfactoria. Tu pasado te recuerda los retos que has vencido, las fuerzas que has acumulado y la sabiduría que has extraído de tus experiencias. Después de todo existe una conexión directa entre los lugares donde has estado y aquellos hacia donde vas. Esta conciencia de tu pasado y de las elecciones que has hecho es el primer paso para crearte la mejor vida posible.

Conforme miro atrás en mi vida, aprecio dónde he estado y cuán lejos he llegado.

Herramienta básica: Tu diario

Un diario es una herramienta invaluable. Es un lugar donde puedes empezar un diálogo contigo misma. Una manera para que logres conocerte de manera más íntima, de convertirte en tu propia confidente. Tu diario te ayudará a volverte más introspectiva y autorreflexiva.

Hazte la promesa de mantener tu diario en secreto, de que no lo mostrarás a nadie y de que será un lugar seguro donde podrás explorar pensamientos, sentimientos, esperanzas, sueños —todo lo que necesite expresarse—. La clave de usar un diario es que te permitas manifestar cualquier cosa que se te ocurra sin censurarla ni juzgarla. Tan sólo deja fluir libremente tus expresiones.

Nos gustaría que hicieses lo que llamamos una *revisión de vida*. Este ejercicio te ayudará a admitir quién eres y el camino que te ha llevado hasta donde estás hoy. Aunque tu vida debes encaminarla hacia delante, la entenderás mejor al reconocer las experiencias que ya has vivido y hasta dónde has llegado. Así como tus huellas digitales identifican tu constitución física, tus *elecciones de vida* revelarán a la persona que realizó toda la acción de vivir, es decir, tu propio yo.

Para pertenecerte a ti misma sólo necesitas recuperar los acontecimientos de tu vida. Cuando en verdad posees todo lo que has sido y hecho, lo cual te puede llevar cierto tiempo, te vuelves feroz con la realidad.

Florida Scott Maxwell

A menudo las personas que han tenido experiencias cercanas a la muerte afirman haber realizado una revisión de vida. Este proceso ocurre en una atmósfera de compasión y comprensión incondicionales. Te recomendamos que adoptes una actitud similar a medida que te involucres en este ejercicio.

Una buena manera de iniciar tu revisión de vida es dividir tu existencia en décadas. Saca tus viejos álbumes fotográficos y observa las fotos donde apareces en diferentes periodos de tu vida. Pon algo de la música que escuchabas en cada época. Regresa a tus etapas de secundaria y preparatoria, la década entre tus dieciocho y tus veintiocho, la de entre tus veintiocho y tus treinta y ocho, y así sucesivamente. Descubre qué recuerdos se manifiestan a medida que revisas tu relación con la mujer que fuiste durante cada una de esas décadas.

Ahora, en las siguientes dos semanas, dedica quince minutos cada día a realizar tu revisión de vida. Analiza cada década una por una y a tu propio ritmo. Empieza por hacerte las siguientes preguntas:

¿Quiénes son las tres personas que más han influido en mí durante este periodo de mi vida?

¿Qué evento tuvo un mayor impacto en mi vida?

¿Cómo influye ese evento en mi vida actual?

¿Qué retos superé?

¿Qué éxitos logré?

¿Qué cosa me dio la mayor sensación de satisfacción u orgullo?

¿Tuve que renunciar a algo? ¿Qué impacto tiene eso en mi vida actual? ¿Sacrifiqué algo que hoy quisiera recuperar?

¿Qué me gustaba hacer?

¿Quiénes eran mis amigos?

Por medio de esta revisión de vida no sólo obtendrás percepciones de ti misma, sino que te sentirás más a gusto con tu propia persona. Apreciarás más todas las situaciones que has atravesado, tus mayores logros, tus decisiones importantes y los caminos que no seguiste. A medida que lo hagas, no podrás sino tener una apreciación renovada de tu valor. No importa qué mejoras quieras hacer, tu vida ya *es* un éxito.

Mamá todopoderosa de la Asociación de Padres y Maestros

La escuela primaria me trajo dos cosas: las liendres y la Asociación de Padres y Maestros. Ambas me invadieron por completo y no estoy segura de cuál fue peor. Las liendres, como buenas sabandijas, acabaron por irse. Claro que nos tomó dos meses y casi doscientos dólares en champúes y aerosoles para toda la familia —sin mencionar los lavados de ropa adicionales—. Pero no importa cuánto me frotara, no me pude deshacer de la dichosa Asociación.

Debo explicar que parte del problema es que yo padezco un desorden genético llamado *síndrome del mártir*. Mi madre también lo padece. Lo que hace es hacernos saltar y correr mientras vociferamos: "¡Yo puedo hacerlo!, ¡aquí estoy,! ¡aquí estoy!", siempre que alguien, *quien sea*, mencione que necesita ayuda con algo. No importa de qué se trate, nosotras nos ofrecemos. ¿Necesitas que alguien recoja a tus hijos de la escuela aunque eso resulte del todo inconveniente? Yo lo haré. ¿Quieres que repinte el camino de entrada de tu casa? No hay problema. ¿Necesitas que te llene una solicitud para la Asociación? Bueno, yo soy la indicada.

Lo que soy es una loca de atar.

El primer año fue fácil. Yo era una madre tutora voluntaria. Y no sé a quién impresioné, pero este año no sólo soy una madre tutora —presidenta de las madres tutoras, por si fuera poco— sino que también pertenezco al Comité del Carnaval, al Comité de los Comités y soy presidenta de Protección a la Juventud, mi nombramiento formal. Quizá una descripción más adecuada de mí sería Jefa del Comité de Ingenuidad.

Mi esposo suele decirme que vive en un encierro terrible durante el día, pero ¿alguna vez ha tenido que meterse en una gigantesca botarga de insecto y entretener a 600 niños chillones de entre cuatro y diez años?

Cualquier madre dispuesta a embutir todo su generoso cuerpo en mallas amarillas y ponerse un disfraz de Louie la luciérnaga merece el premio a la Madre del Año. Y no lo digo por haberlo hecho. Lo digo porque un completo desconocido tuvo que sacarme a tirones de la condenada botarga. Ponértela es fácil; quitártela es otra cosa —tal como la actividad de la Asociación—.

Es trabajo —duro e ingrato—. El descanso no está en el vocabulario de una madre todopoderosa de la Asociación de Padres y Maestros. Pero la palabra voluntario sí que lo está. El otro día traté, sin éxito, de convencer a una vecina, madre de tres hijos, de ayudar como voluntaria en el carnaval de la escuela. Su excusa para no ayudar en el carnaval fue: "me gusta tener libres mis fines de semana".

¿Libres? ¿Con tres hijos?

Yo voy al baño con dos niños y un perro que me mira. Me ducho frente a una puerta que, de manera misteriosa, se abre cada dos segundos porque mi niño quiere pasar o porque mi esposo no encuentra la cocina. Nada se descompone o desaparece sino hasta que entro al baño.

Lo único que me reconforta es saber que no soy la única. Las mamás que veo a la entrada de la escuela tienen la misma mirada vidriosa que yo. Antes de entrar en el recinto, nos sorprendemos palpando nuestra ropa para asegurarnos de que no nos la hemos puesto al revés. Y ni pensar en combinar la ropa. Es la escuela primaria, así que la mayoría de los chicos se visten por sí solos. ¿Crees que las maestras notarán más colores mal combinados? Yo he visto a estos chicos. Es un milagro que las maestras no se hayan vuelto daltónicas.

Lo bueno es que ellas no esperan que luzcamos como June Cleaver. June Cleaver nunca tuvo que perseguir a un pequeñuelo grasiento y sin ropa que acaba de vaciar encima de él y del gato una botella gigante de aceite para bebé ni quitar con espátula crema de cacahuate del asiento del inodoro. ¿Quién tiene tiempo para perlas y maquillaje? Si tengo suerte, logro cepillarme el pelo. A las maestras, benditas sean, no les interesa si vamos desnudas. Están contentas con ver a padres que se preocupan lo suficiente como para asistir y hacer *algo*.

Es por ello que la Asociación de Padres y Maestros penetra hasta lo más profundo de ti. Y sí, es ingrato, da más trabajo del que crees, se vuelve cada vez peor y es molesto. Pero cuando logré salir de aquel horrendo traje de insecto, toda sudorosa y desaliñada, mi hija me abrazó y me dijo: "¡Eres genial! ¡Eres la mejor mamá que ha existido jamás!"

Por eso, no importa cuánto me irrite, no puedo sacudirme a la Asociación. Y quizá, sólo *quizá*, me encanta.

K.K. Choate

LECCIÓN DE VIDA # 6:
RECONOCE LO QUE ES IMPORTANTE

Una de las bases para vivir una vida de calidad es conocer aquello que valoras —lo que es más significativo en tu vida—. Sin embargo, cuando toda tu vida se reduce a realizar las millones de tareas que hay en tu lista de *pendientes*, es fácil que pierdas perspectiva. Pierdes tu capacidad de discernir lo que es importante de lo que no lo es porque sientes que todo es igual de urgente, igual de decisivo.

No importa cuán frenética se vuelva nuestra vida, los verdaderos triunfadores son capaces de alzarse por sobre el pandemónium y conservar su perspectiva. Ellos pueden hacer esto porque saben lo que es importante. Sus valores son su brújula —los mantienen orientados sin importar cuán confusa sea la vida—. Estas personas mantienen una visión de lo que en realidad es importante, de lo que significa su vida y de cómo quieren que ésta sea.

Piensa en las cualidades y atributos que consideras esenciales para vivir la mejor vida posible para ti. Esos son los valores que usarás para definirte. Por ejemplo, tu lista puede incluir atributos tales como: integridad, honestidad, alegría, comprensión, confiabilidad, res-

Preguntas que conviene hacerse

· ¿Cuáles son mis diez valores fundamentales?
· ¿Cuáles son las cinco cualidades por las que me gustaría ser recordada?
· ¿Qué cosas le he dicho al mundo una y otra vez a lo largo de mi vida?

ponsabilidad, verdad, creatividad y sentido de la aventura. Recuerda que éstas son sólo unas cuantas sugerencias. Hay muchas más posibilidades. Elabora una lista que refleje *tus* valores fundamentales —no lo que tú crees que deberías valorar, sino lo que sientes que es en verdad importante para ti—.

Al aclarar tus valores, podrás ajustar tu vida para invertir tu tiempo y energía en las cosas que son sagradas para ti. Las preguntas: "¿Qué es lo que valoro?, ¿qué es lo más importante para mí?, ¿qué es lo que en verdad quiero?" no sólo te ayudarán a entenderte mejor en un nivel más profundo, sino a reenfocar tu vida en torno a lo que es realmente significativo. En verdad, es menos importante entender el significado de la vida que entender el significado de *tu* vida.

Ahora que tienes una visión más clara de lo que consideras importante, pregúntate: ¿Qué necesito cambiar para que mis valores se expresen de manera más visible en mi vida cotidiana? ¿Hay algo que necesite añadir a mi vida? ¿Hay actividades o compromisos que necesite eliminar?

Nosotros te ofrecemos este reto: permanece enfocada en quién eres en verdad, en lo que crees y en lo que amas. A medida que lo hagas, empezarás a crear una existencia en que tu vida exterior concuerde con tus valores y creencias más profundos. Este sentimiento de estar completa es un ingrediente esencial para vivir la vida por la cual estás aquí.

> *Alimento para el pensamiento*
>
> Pregúntate todos los días: ¿Es esto lo que quiero hacer? Si la respuesta es no, puedes empezar a cambiar de rumbo día con día. Cambiar de rumbo es un proceso —ocurre de manera lenta y progresiva—. Pero si eres persistente, llegarás a donde deseas estar.

Yo soy fiel a mis valores más profundos y mi vida refleja lo que es más significativo para mí.

⚓ El toque final

ESCRÍBETE UNA CARTA

Es hora de que te sientes y te escribas una carta. Tal como lo hizo Deborah Shouse en la historia "La carta de amor", recuerda lo que amas, atesoras, aprecias e incluso admiras de ti misma. Aunque al principio te sentirás torpe, lo cierto es que sólo en la medida en que te ames y valores a ti misma serás capaz de amar y apoyar a los demás.

Fíjate el compromiso de permitirte anotar en papel cualquier sentimiento que surja. No te censures y, sobre todo, no juzgues qué es lo que tienes que decir. Tan sólo escribe una carta a una muy buena amiga y confidente, y compártele lo que hay en tu corazón. Si tienes alguna pregunta o decisión que debas considerar, utiliza esta oportunidad para pedirte orientación a ti misma. Quizá desees hacer preguntas como:

¿Qué me conviene más?

¿Qué necesito hacer para cuidar mejor de mí misma?

¿Qué percepciones pueden ayudarme a crecer como persona o a tener una vida más equilibrada?

¿Qué amo, atesoro y admiro de mí misma?

Cuando hayas terminado, asegúrate de tener tu carta disponible para esos momentos en que necesites mimarte o darte ánimos.

HAZTE CARGO DE TU VIDA

La manera en que pasamos nuestros días es, claro está, la manera en que pasamos nuestra vida.

Annie Dillard

☕ Dar el salto

••

Todo está en la mente.
Es ahí donde todo empieza.
Saber lo que quieres es el primer paso para conseguirlo.

MAE WEST

Una mañana de invierno, el amor de mi vida murió por causa del amor de su vida, el vodka de 120° de graduación. Aunque nos habíamos separado hacía ya mucho tiempo, cuando limpiaba su apartamento con mi hijastra, encontramos en su máquina de escribir una carta inconclusa dirigida a mí. "No tengas miedo", decía, "tú eres una superviviente".

Sí, pensé, *pero ¿es sobrevivir todo lo que quiero de la vida? ¿Quién solía ser yo? ¿Qué pasó con la poetisa que llevaba dentro?*

Consulté a un orientador vocacional en varias ocasiones. Dijo que en las pruebas que me aplicó había obtenido una alta calificación en escritura y artes creativas. Pero como entonces yo ganaba premios en mi empleo del servicio civil, según le dije, era candidata a otro aumento salarial. Sería una locura salir de ahí a los cuarenta años para empezar todo de nuevo como escritora novata. Aunque reacio, él estuvo de acuerdo. "Pero qué tal si ves qué puedes hacer después de trabajar", sugirió el orientador. "Considera que puedes encontrar más formas de expresarte".

Día tras día continué trabajando afanosamente en mi empleo gubernamental, pero también me esforcé por dar cauce a mis aficiones. El coro de la iglesia se complació en admitirme. Estaba muy contenta con mi práctica coral y la contralto que estaba a mi lado me confesó que me envidiaba. "Eres un espíritu tan libre", dijo ella. También empecé a vender algunas de mis piezas de cerámica modeladas a mano. "Debe ser maravilloso tener ese talento", alguien señaló. Y, mejor aún, empecé a escribir los artículos principales para publicaciones locales. "Cielos", dijo una amiga, "ojalá yo tuviese el valor de enviar algo de lo que he escrito".

¿Espíritu libre? ¿Talento? ¿Valor? Yo no era más que un fraude. Solía decirme a mí misma que si en verdad tuviese valor, habría dado el salto en el abismo. Salir del empleo que mataba mi alma y dedicarme de tiempo completo a cualquier cosa relacionada con escribir. Pero temía a lo que podría estar aguardándome afuera: empobrecerme, que me consideraran tonta e irresponsable. Fracasar.

Fue al año siguiente, dos semanas antes de Navidad, que todo cambió. Había luces colgadas por toda la ciudad; los villancicos resonaban desde las bocinas colocadas en los semáforos. Pero yo no participaba de las celebraciones. Me escondía en la cama, maldecía mis supuestos *talentos* y me sentía estancada. ¿Por qué no podía tan sólo ocuparme de mi trabajo actual, cobrar mi paga, ver televisión y detener mi angustia adolescente acerca del significado y las metas de mi vida? Mi empleo interfería con mi verdadera vocación en la vida y yo lo sabía.

Aquella noche, el teléfono de mi alcoba sonó; era una amiga del coro. "Tengo muy malas noticias", me dijo. Nuestra amiga la contralto, la que me envidiaba, se había suicidado. En su memorial, mientras todos hablaban de manera muy amorosa sobre ella, recordé lo que me había dicho: "Eres tan libre... tan poco común... tan valiente".

Supe en ese momento que si yo no seguía mi propio llamado, quizá algún día seguiría el rumbo de mi amiga. Durante días, viejos preceptos empezaron a llegar a mi mente: Conócete a ti misma. Sé fiel a ti misma. Ten el valor de tus convicciones.

Hacer o morir.

Examiné mi estilo de vida. ¿Cuáles eran mis prioridades? Sobrevivir, no sólo en cuerpo sino en espíritu. Hice planes. Tendría que expandir mis capacidades y habilidades, luchar por vivir como nunca antes. Pero en los días que siguieron decidí hacer que la muerte de mi amiga tuviese un significado para mí; haría que lo que ella veía en mí se convirtiese en realidad.

A medida que desarrollaba mi idea, la emoción y el miedo se convirtieron en mis compañeros nocturnos.

Las dudas, los "¿y qué tal si?", me invadieron. Pero seguí vaciando mi oficina. Todo me recordaba que había estado ahí por más de diez años, incluyendo la cita de Kierkegaard que tenía enmarcada: "La vida sólo puede entenderse hacia atrás, pero debe vivirse hacia delante". Al fin comprendía su significado.

Han pasado varios años desde que declaré mi independencia. He aprendido que trabajar por mi cuenta significa muchas horas extra y que el solo hecho de escribir no paga mis cuentas. Pero nunca he mirado hacia atrás. Los años transcurridos desde que salté en mi propio abismo se han ido volando. Casi todas las mañanas, me despierto emocionada por mi trabajo, ya sea el de escribir una de mis columnas, terminar un artículo a tiempo, dar clases en la universidad o asesorar a otro escritor.

No tengo éxito en todo lo que intento y a veces caigo de bruces, pero no es por haberme quedado quieta.

En una ocasión, Erma Bombeck escribió una columna de la que tuve la sensación de que se trababa de una carta dirigida a mí en lo personal. Decía: "Siempre soñaba que cuando un poder superior me pidiese cuentas de mi vida, sería de esta manera: 'Bueno, vacía tus bolsillos. ¿Qué te ha faltado hacer en tu vida? ¿Algunos sueños sin realizar? ¿Algún talento excepcional que te dimos al nacer y que te quedaste sin desarrollar?'"

"Y yo respondería", continuó Bombeck, "no tengo nada pendiente. Usé todo lo que ustedes me dieron. Estoy tan desnuda como el día en que nací."

Quiero decir a Bombeck que también yo lo estoy. También yo.

K.K. Wilder

Lección de vida #1:
Evalúa tus prioridades

El filósofo francés René Descartes dijo: "Pienso, luego existo". La versión moderna de eso sería: "Hago, luego existo". Muchas mujeres actúan a través de mantras: "Tengo que aguantar el ritmo", "yo soy lo que hago", "tengo que esforzarme más", "tengo que demostrar mi valor", "tengo que seguir adelante". Aunque muchas de ustedes creían haber dejado adentro de las paredes de la preparatoria la presión de grupo, ésta aún influye mucho en sus vidas adultas.

Muchas mujeres tienen una prioridad clara: acabar el día. Es seguro que nadie negaría la importancia de esto, pero no es suficiente. Vas por la vida con tu piloto automático. Rara vez te detienes el tiempo suficiente como para preguntarte cómo inviertes tu tiempo y energía. Y así, al no determinar si tus prioridades coinciden con tu realidad y tus valores, estarás mal sincronizada contigo misma de manera continua.

Vivir una vida centrada en prioridades significa equilibrar la responsabilidad para con los otros, con la responsabilidad para con uno mismo, las obligaciones con el placer, el trabajo con el juego, la actividad con el descanso. Significa encontrar un ritmo natural para la vida diaria que promueva una atmósfera de plenitud. Significa poner en orden tus prioridades.

Alcanza lo sublime, pues las estrellas se esconden en tu alma. Sueña profundo, pues cada sueño ha precedido la meta.

Pamela Vaull Starr

Piensa cómo son un día típico y una semana típica para ti. Observa cómo inviertes tu tiempo. Pregúntate: ¿Cuánto tiempo dedico a mi familia? ¿A mi salud y condición física? ¿A la religión o a la práctica espiritual? ¿Al trabajo? ¿A mis intereses personales y pasatiempos? ¿A socializar? ¿A las finanzas? ¿A las amistades? Quizá las categorías que elijas sean un tanto distintas a éstas, así que siéntete libre de adaptarlas para que reflejen tu vida. Haz una lista que empiece con la actividad a la que dedicas más tiempo y termine con aquella a la que dedicas menos. Tu manera de distribuir tu tiempo revelará tus prioridades.

Quizá te sorprendas cuando descubras una discrepancia entre las que creías que eran tus prioridades y las que son en realidad. Es hora de que seas honesta contigo misma y que veas lo que te está diciendo tu vida. ¿Hay equilibrio en tu vida? ¿Te dedicas demasiado a una sola área? ¿Hay alguna área que estés descuidando? ¿Qué porcentaje de tu tiempo dedicas a tomar en cuenta a los demás? ¿Qué porcentaje dedicas a preocuparte por ti y hacer las cosas que te encantan? ¿Vives en sincronía con tus valores fun-

Alimento para el pensamiento

Si sólo tuvieras un año de vida, ¿qué harías de manera distinta? Es momento de actuar. Cualquier cosa que tengas pendiente por hacer, ¡sólo hazla!

damentales? ¿Hay algún ajuste que necesites hacer para que tu vida refleje mejor dichos valores?

Uno de los retos más grandes que enfrentan las mujeres es equilibrar los deseos y las expectativas de otras personas (sobre todo de su familia) con sus *propias* necesidades y deseos. Mantén tus prioridades como algo sagrado. Invierte tu tiempo y energía en lo que de verdad valoras. Comprométete a dedicar tiempo a lo que es importante todos y cada uno de los días.

Ordeno mis prioridades.
Mi vida refleja mis valores y creencias más profundos.

Convivir con la naturaleza

Casi todas las mañanas, antes de empezar mi día, me dirijo a un parquecito. Muy rara vez veo a alguien más ahí. Parece que todo el mundo está demasiado ocupado en correr de acá para allá como para detenerse a admirar la hermosa creación de Dios.

Aquella mañana, todo estaba en calma cerca del pequeño estanque. El agua estaba quieta. Las hojas de los árboles no se estremecían como de costumbre. El timbre de mi teléfono celular rompió el silencio. El ruido me asustó. Di un salto y tomé el teléfono, curiosa por saber quién me llamaba tan temprano.

"Hola mamá", me dijo Chad, mi hijo. "¿Qué haces?"

"Estoy sentada frente un pequeño estanque al otro lado de la ciudad", respondí.

"¿Que estás haciendo qué?", preguntó.

"Paso algunos momentos de tranquilidad en este lugar pequeño y perfecto", le expliqué. "Vengo aquí casi cada mañana. Me ayuda a empezar el día con el pie derecho".

"Estás sentada cerca de un estanque conviviendo con la naturaleza mientras yo estoy atascado en el tránsito de Atlanta". Chad rió. "Eso debe ser agradable".

"Es muy agradable," admití. "Deberías probarlo alguna vez."

Chad y yo hablamos hasta que el tránsito avanzó, por lo que nos despedimos amorosamente y colgamos.

Mi mente me llevó a un lugar donde había vivido muchos años atrás. Yo era de esas personas que vivían cada minuto del día en competencia feroz por escalar posiciones. No me tomaba tiempo para convivir con la naturaleza, pasar un momento de silencio con Dios o entrar en contacto con mis sentimientos. Creía que era feliz yendo en el carril más rápido de la vida.

Cuando pienso en aquella época, me doy cuenta de que me daba miedo estar sola. Me mostraba de buen ánimo frente a los demás, pero si permanecía en silencio me veía forzada a ser honesta conmigo. No estaba haciendo las cosas que en el fondo sabía que debía hacer. Dios me había llamado a predicar a otros por medio tanto de la pluma como del discurso público, pero yo no había hecho caso de su llamado. Justificaba mis acciones al decirme que tenía que ganarme la vida. Yo era justo como cualquier otra persona de este mundo —luchaba por hacer que rindiese mi sueldo sin considerar la verdadera razón de mi existencia —.

Me daba miedo frenar mi paso. "Si pierdo un día en el trabajo, me atrasaré demasiado", pensaba. Por lo tanto, trabajaba incluso cuando estaba enferma. Muchas veces me presioné hasta el límite. Me pregunto a quién trataba yo de impresionar. ¿Acaso a mi jefe o a mis colegas? Decidí que probablemente era a mí misma a quien trataba de impresionar. Tenía que sentirme valiosa. Quería sentirme una empleada dedicada y muy trabajadora. Pero mientras tanto, me negaba el privilegio de en verdad vivir mi vida en toda su plenitud.

Me tomé unos minutos para orar. Algunos pájaros se posaron sobre el árbol que estaba a mi lado. Sonreí al escuchar sus cantos. Una ardilla se escabullía, pero no sin antes detenerse a mirarme. Miré mi reloj y supe que mi momento de quietud había terminado. Era hora de empezar mi día.

Estaba frente a un grupo de señoras en una charla. "Hoy es el primer día del resto de su vida", les anuncié. "¿Adónde irán a partir de ahora?" Les conté sobre el estanque, sobre el comentario de mi hijo y sobre las emociones que sentí esa mañana mientras me comunicaba con la naturaleza y con Dios.

Animé a las damas a tomarse la vida con calma, a servir a Dios cada día y a dedicar un poco de tiempo a orar. La charla concluyó alrededor de una hora después y yo regresé a mi auto. Me sentí bien. Ya no temía sacrificarme un poco por amor a Dios. Me emocionaba hacer las cosas para las cuales Dios me había creado.

Pasé por el estanque antes de regresar a casa. Había un poco de viento. Miré cómo los rizos del agua, antes quieta, viajaban a la orilla. Caí en la cuenta de cómo las palabras que dije en la charla podían compararse con los rizos de agua. Al propagar las buenas noticias a otras personas, ellas podrán encontrar la paz y la alegría que sólo Dios y la naturaleza pueden dar.

Nancy B. Gibbs

LECCIÓN DE VIDA #2:
REORIENTA TU VIDA

Detente y considera por un momento qué pasaría si tomaras la próxima desviación en la carretera de tu vida, doblaras por un tranquilo camino rural, redujeras la velocidad, reflexionaras y te preguntaras: ¿Hago demasiadas cosas? ¿Hago lo suficiente? ¿Vivo la vida que deseo? Mientras consideras esas preguntas quizá descubras que quieres hacer algunos cambios. Quizá descubras que necesitas reevaluar tus prioridades con base en lo que has decidido que es lo más significativo en tu vida. Tal vez decidas que necesitas más equilibrio, más tiempo para ti. Es posible que descubras que tienes que tomar una mayor responsabilidad sobre dónde inviertes tu tiempo y energía.

Después de todo, el propósito de la vida es vivirla, saborear las experiencias al máximo, buscar experiencias nuevas y más ricas, con anhelo y sin miedo.

Eleanor Roosevelt

En la última sección aclaraste tus prioridades. Ahora es tiempo de pensar en reorientar tu vida para reflexionar sobre lo que es más importante para ti hoy. Pero recuerda, tus prioridades no están escritas en piedra. Necesitan ser adaptables y cambiar cuando tú cambias.

Si tú eres como la mayoría de la gente, es probable que dediques la mayor parte de tu tiempo a tratar de concluir tus *asuntos pendientes* antes de permitirte hacer lo que te gusta. Con demasiada frecuencia, pones tus propias necesidades en la lista de *cuando tenga tiempo* en vez de tu lista de *asuntos pendientes*. Este tipo de elecciones te apartan de la vida que deseas.

En vez de decir "no tengo tiempo de hacer ejercicio, jugar con mis hijos o tomar una clase de piano", mejor hazte responsable de tus decisiones. Di: "Yo podría hacer lo que quiero si tratara de hacerlo de otra manera" o "¿por qué es ésta mi prioridad principal?" *Tú* decides cómo invertir tu tiempo. Es demasiado fácil responsabilizar de ello a otras perso-

Preguntas que conviene hacerse

· ¿Dónde estaré en diez años si sigo por el mismo camino en el que ahora me encuentro?
· ¿Estoy donde quiero estar? Si no es así, ¿qué puedo hacer para empezar a realizar un cambio el día de hoy?
· ¿Qué acciones puedo emprender para dar un mayor equilibrio a mi vida?
· Cuando tenga ochenta años, ¿qué lamentaré haber hecho o no haber hecho"

nas, pero cuando asumes por completo la responsabilidad de tu tiempo, obtienes el poder de hacer cambios. *Tienes* tiempo para lo que es importante.

Herramienta básica: Lista de prioridades

Haz una lista de las cinco cosas que más deseas en tu vida, en orden de importancia. Por ejemplo, tus prioridades podrían ser:

1. Ejercitarte
2. Pasar tiempo con tus hijos.
3. Mejorar tu situación económica.
4. Tu vida espiritual.
5. Tus amigos.

Junto a cada prioridad anota la cantidad de tiempo que le dedicas normalmente en la semana. ¿Qué tanto se parece tu vida actual a la vida que deseas? ¿Hay ajustes que necesites hacer?

Ahora que sabes lo que es importante para ti, utiliza esta información como una guía cuando tomes decisiones. Antes de que aceptes algo, pregúntate: ¿Va de acuerdo con mis prioridades? ¿Esta actividad o compromiso mejorará mi vida o me dificultará crear la vida que quiero?

Ahora reoriento mi vida en torno a lo que es más importante para mí.

El arte de decir "no"

El aspecto negativo de aquella amistad no se presentó de inmediato. Cinco años antes, ella fue una de las primeras personas en dar la bienvenida a mi familia a la nueva comunidad. Era una mujer extravertida con hijos de la misma edad y en la misma escuela que los míos donde ofrecía sus servicios en el voluntariado al que dedicaba incontables horas. Un día se le veía aplicando bolsas de hielo en la enfermería y al siguiente acomodando collares para las fotografías escolares. Y eso era cuando no se ocupaba en armar el directorio de la escuela o pintar el comedor.

A mis hijos les agradaban su hijo y su hija y, para ser franca, a mí también. Mostraban muy buenos modales, pues me hablaban de usted y pedían permiso para usar el baño. Su madre era una gran conversadora y contaba interesantes relatos acerca de la gente y la historia de nuestro pueblito.

Todo comenzó de una manera bastante inocente. Mi nueva amiga me llamaba para conversar y, en algún punto de la conversación, me pedía que le ayudara con la feria del libro o las inscripciones para el béisbol. Si yo dudaba, ella me decía cuán afortunada era yo de trabajar desde casa y cuánto se beneficiarían mis hijos de mi ayuda. Yo siempre cedía. Se desarrolló un patrón: ella aceptaba demasiadas actividades voluntarias y empezó a depender cada vez más de mí para poder cumplirlas. Con el tiempo, me percaté de que ella me manipulaba para hacer más de lo que yo quería. Me encantaba la flexibilidad de trabajar desde mi casa, pero empecé a ver eso como una desventaja. Temía el sonido de su voz al teléfono, pues sabía que me iba a persuadir para hacer algún servicio.

Una vez, después de escucharme gruñir, mi esposo rió y me dijo: "Eres su palafrenero".

"No lo soy". Estaba indignada. Entonces busqué el término palafrenero en el diccionario y, como dice el viejo chiste, vi mi retrato junto a la definición. En retrospectiva, tenía que ceder a una larga tradición de complacer a otras personas —hacer favores sólo por agradar—. Yo tenía un historial de negar peticiones no deseadas con malas excusas, pues esperaba que mi renuencia hablase por sí sola. Mi último recurso era decir que no quería (atender el puesto de refrescos, descargar el camión de galletas), pero que lo haría si no podía encontrarse a alguien más. ¿Y adivina qué? Nunca encontraban a alguien más. Pensé que era mi destino que abusaran de mí.

De este rasgo de carácter no puedo culpar a mi madre. Un chiste familiar decía que mi madre no necesitaba entrenamiento de reafirmación personal. Ella podría dar el curso. Cuando yo era niña, ella recibía toda clase de llamadas —de la iglesia que necesitaba ayuda con la feria de artesanías, de los vecinos que necesitaban una niñera, de la escuela primaria que quería galletas para la venta de panadería. Mi mamá escuchaba con cortesía. Si así lo deseaba, aceptaba. Si no, se rehusaba, colgaba y nunca volvía a pensar en ello. Ella hacía que eso pareciera fácil.

Y no es que ella no hubiera hecho su parte. Mi mamá crió a cuatro hijas, dio clases en escuela primaria por más de veinte años y aún se las arregló para ser, en una época o en otra, líder de las niñas exploradoras, maestra de escuela dominical y madre tutora voluntaria. Pero lo hizo bajo sus propios términos.

Mi mamá tenía una frase en particular que utilizaba con cortesía para rehusar peticiones. "Eso no me funciona", decía. Si la persona insistía, ella repetía: "Simplemente eso no me funciona". Mis hermanas y yo solíamos reírnos por la vaguedad de la frase, pero ahora entiendo toda su genialidad. No dice nada, pero expresa todo. Como beneficio adicional, no deja abierta la puerta para poder argumentar algo en contra. Si algo no te va funcionar, no hay más que hacer. ¿Qué más puede decirse?

"No tengo por qué dar explicaciones", decía mi mamá, "tan sólo no quiero hacerlo". En su mundo, todos tenían la libertad de preguntar y ella era igualmente libre de decir que no.

Poco tiempo después de que mi esposo me llamase *palafrenero* y yo cumpliese cuarenta años, llegué a un punto en el que tuve que cambiar y me armé de firmeza. En aquel momento una amiga llamó para preguntarme si la ayudaría con una venta de pizza. Nada más inoportuno, pues tenía para entonces una enorme lista de trabajos pendientes y de proyectos en casa. Por suerte, tenía memorizada la frase clave de mi mamá. "Lo siento pero eso simplemente no me funciona", le dije. Para mi sorpresa, ella no se enfadó y encontró a alguien más para ayudarla. Todo salió bien sin mí.

Al parecer, yo siempre tuve una opción en todo esto, lo cual me recuerda otra frase que a mi mamá —hoy jubilada, feliz y dedicada a lo que le plazca— le encanta: nadie puede abusar de ti a menos que lo permitas.

Si tan sólo la hubiese escuchado mucho antes.

Karen McQuestion

Lección de vida #3:
Establece límites

Una de las bases para crear una vida que te guste es establecer límites; sin embargo, antes de que puedas poner límites a los demás, tienes que definir las fronteras para ti misma. Para esto se requiere que sepas lo que necesitas, cómo te sientes y lo que es y lo que no es aceptable para ti. Esta es una tarea difícil, sobre todo para las mujeres, pues en nuestra cultura a las mujeres se les condiciona para ser abnegadas.

Piensa mal, si quieres, pero en toda situación piensa por ti misma.

Doris Lessing

Es hora de empezar a establecer límites. Pero primero tienes que conocer cuál es tu objetivo final. ¿Cómo determinas esto? La respuesta sorprende por su sencillez: tus sentimientos —sobre todo los de enojo, frustración y resentimiento— son los mensajeros que te llevarán esta valiosa información.

El enojo suele indicar que no has satisfecho tus necesidades o que lo has hecho en exceso. Tus sentimientos de frustración y resentimiento, que son primos hermanos del enojo, te muestran que has arriesgado o sacrificado demasiado de ti misma. A menudo estos sentimientos

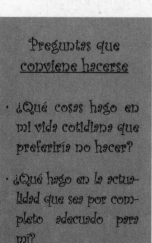

Preguntas que conviene hacerse

· ¿Qué cosas hago en mi vida cotidiana que preferiría no hacer?

· ¿Qué hago en la actualidad que sea por completo adecuado para mí?

pueden ayudarte a definir qué quieres y qué necesitas para ti y tu vida. Cuando le pones atención, tu enojo puede motivarte y movilizarte para emprender acciones, para defenderte y para establecer límites claros. Si quieres vivir una vida de calidad, tienes que hacer despertar en ti un sano sentido de autoprotección y encontrar un equilibrio entre las necesidades de otros y las tuyas.

Uno de los obstáculos con los que podrías tropezar, sobre todo como mujer, es que las personas más cercanas a ti no quieran que cambies, lo cual ocurre con frecuencia. Querrán que todo permanezca igual. Tu esposo, novio, hijos, padres y amigos no desearán que pongas límites y, con seguridad, no te ayudarán a hacerlo. Existe cierto grado de comodidad en lo conocido. La mayoría de la gente se resiste al cambio. Sin embargo, pese a la incomodidad que pueda producir en el corto plazo el establecimiento de nuevos límites, bien vale la pena hacerlo.

Quizá las personas más cercanas a ti se resistan al principio, pero una vez que ven cuán comprometida estás a cuidar de ti, es probable que acepten tus decisiones. En su momento, quizá incluso te apoyen. ¿Por qué? Porque cuando establezcas y mantengas tus límites, te convertirás en una persona más feliz, más sana y más agradable.

Ten presente que tus límites no están escritos en piedra. Tú puedes cambiarlos a medida que lo necesites. Sin embargo, cuando establezcas límites, reducirás el estrés en tu vida y obtendrás más tiempo para lo que quieres.

La próxima vez que alguien te pida hacer algo, determina cuáles son tus límites antes de responder. Pregúntate: ¿Qué puedo razonablemente y con gusto hacer?, ¿qué estoy dispuesta a

Para cambiar a largo plazo, hay que observar con honestidad nuestra vida y descubrir que es bueno ser necesario, pero no a costa de nuestra salud, felicidad y cordura.

Ellen Sue Stern

hacer? y ¿qué quiero hacer? Estas tres preguntas te ayudarán a establecer límites antes de llegar a un punto en el que ya no hay regreso. Por ejemplo, una colega te pide muy a menudo que la sustituyas para que pueda salir temprano del trabajo. Eso te ha hecho sentir irritada durante un tiempo, pero has estado de acuerdo. La próxima vez que te lo pida, antes de responder de manera automática "claro, no hay problema", recuerda que no tienes por qué ser siempre Doña Complacencias y di: "Lo siento, pero eso no puedo hacerlo". Así habrás puesto un límite.

Con esto no sugerimos que te conviertas en Atila el bárbaro y atropelles a las personas, sino que definas lo que está bien para ti. No tienes por qué volverte chillona y estridente para fijar límites precisos. Tan sólo necesitas ser clara respecto de lo que tolerarás y lo que no tolerarás, y hacerte el compromiso de mantenerte firme.

Yo pongo límites y estoy a gusto con mis decisiones.

☕ Disfrutar el momento

Hace algunos meses unos obreros vinieron a nuestro fraccionamiento a reparar la calle. Era un día cálido y mis hijos habían estado jugando afuera toda la mañana. Mientras tendía las camas, recogía juguetes, separaba la ropa sucia y realizaba mis otros deberes de *mamá*, escuché el golpeteo de las máquinas de diesel que estaban frente a mi casa.

Cerca de la hora de comer, salí a llamar a mis seis hijos. No estaban en el patio trasero donde tienen los aparatos de gimnasio que les habíamos comprado para su diversión. Tampoco estaban en el jardín lateral en algún juego de *kickball* o fútbol. Se encontraban en el patio de entrada, con una expresión de asombro en sus rostros al ver a la maquinaria sobre la calle en su función de excavar la tierra, arrojarla y tapar hoyos.

Yo contemplé durante un rato a mi pequeño batallón, sorprendida de que pudiesen permanecer quietos por más de un minuto, pero a diferencia de ellos, pronto me aburrí y los llamé. Pude ver que no querían entrar.

"*¡Etabamo viendo lo tactode!*", exclamó mi hijo el de tres años mientras lo señalaba como si yo no hubiese visto las enormes máquinas.

"¿Por qué?", pregunté.

Todos ellos intercambiaron miradas y se encogieron de hombros. Mi pequeña de nueve años respondió por ellos: "Porque están súper".

Después pensé en lo admirados que estaban con esas grandes máquinas, al igual que muchos otros niños y como yo misma lo había estado cuando chica. Me entristeció pensar que he estado tan ocupada en tratar de salir adelante con mi vida cotidiana que he olvidado cómo disfrutar de las cosas de todos los días. Como los adultos estamos tan ocupados en perseguir el dinero todopoderoso, hemos olvidado que los placeres tan sencillos que disfrutábamos cuando niños eran gratis y los teníamos en nuestro propio patio, al alcance de la mano.

Una tarde de descanso, mientras veía a mis hijos jugar, empecé a pensar en cuán distinto se ve el mundo a través de los ojos de un adulto con tantas responsabilidades. De inmediato me percaté de que mientras yo trataba de criarlos para ser unos perfectos mini-adultos para después convertirse en perfectos adultos, mi hijo menor de once años era, en esencia, eso todavía: ¡un niño! Sentí que mi estómago se desplomaba mientras recordaba cómo lo reprendía una y otra vez por una u otra cosa y lo sermoneaba acerca de cómo debía comportarse. Me acongojé toda cuando entendí con claridad que, en esencia, me he dedicado a decirles que es malo comportarse como niños, que es lo que son.

Mi hija de cinco años en ese momento me miró y me llamó con la mano y gritó: "¡Mamá, mira!", saltó del columpio a medio mecer y voló por los aires. Yo contuve mi respiración hasta que ella aterrizó en el arenero sin lesiones mayores.

Mi primera reacción fue soltarle toda una serie de amonestaciones explicándole que pudo haberse roto una pierna o aterrizado sobre una de sus hermanas menores; pero tan pronto como empecé a gritar, yo misma me sorprendí al responder: "¡Guau!". Y la felicité.

De repente sentí un poco de nostalgia al recordar los días de mi propia juventud. Los días en que yo también podía correr y jugar sin preocuparme por el aumento en el costo de la vida, los presupuestos y las hipotecas. El tiempo en que todo lo que parecía importar era ese día, el momento en que me encontraba.

Mientras recordaba el día en que las máquinas excavaban mi calle, crucé el patio para ir con mis hijos y les pregunté si podía jugar con ellos. Por un momento, seis pares de ojos me miraron con asombro. Aun cuando paso todos los días con ellos, hacía mucho tiempo que no me despojaba de mi papel de *mamá* y disfrutaba del día —del momento— como si fuese a durar por siempre.

Aquella tarde dejé que mis hijos me reeducaran, pues había olvidado que un niño puede tener en el patio de su casa todo un mundo de diversión. Había olvidado lo entretenido que es hacer pastelitos de lodo fresco y acomodarlos sobre rocas para que se sequen al sol. O cuán delicioso es desprender el tallo de una madreselva para probar una sola pero dulce gota de miel. O el placer de la travesura al hacer un charco de lodo con el agua de la manguera y brincar en él por la pura diversión de ensuciarse. Y qué emocionante es trepar sólo *una* rama más de un árbol y entonces, desde tu percha celeste, mirar tu pequeño reino con ojos inocentes y gritar: "¡Soy la reina del mundo!"

Había olvidado cómo el estómago te cosquillea con brusquedad cuando te meces tan alto en el columpio sintiendo que éste prácticamente cae desde el cielo, y cuando estás a punto de estrellarte se detiene y te impulsa hacia atrás para que vuelvas a hacerlo. O cuán relajante es acostarte boca arriba sobre el césped mientras ves cómo la pelusa de dientes de león flota frente a ti, movida por la suave brisa del verano. O cómo, cuando usas tu imaginación, las nubes en verdad parecen conejos y caballos. Y había olvidado lo que se siente estar sucia, sudorosa y con comezón sin siquiera importarte, porque aún tienes una hora para jugar antes de la cena.

Aunque hubo una época en que los días parecían eternos,

ahora siento que el día no tiene suficientes horas como para hacer todo lo que necesitamos hacer. Ahora sé que el día se va muy pronto, y así también se va la juventud de un niño. Y una vez que se va, no podemos recuperarla por más que la deseemos.

En cuanto a mí, sólo espero capturar unos cuantos momentos de la juventud de mis hijos para que me recuerden cuán preciosos son para ellos estos días libres de preocupaciones. Y ahora trato de no cuestionar por qué se molestan en acomodar en grandes montones todas las hojas de árbol tiradas en el patio tan sólo para pisarlas, patearlas y volver a esparcirlas. En cambio, voy al patio con ellos. Disfruto el momento con ellos. Porque aunque ellos no lo sepan, sé que ese momento no durará para siempre.

Stacey Granger

LECCIÓN DE VIDA #4:
DESINFLA A LA SUPERMUJER

La mayoría de las mujeres han perfeccionado el arte de complacer a los demás. Han adquirido tal experiencia en pensar en los demás que se han convertido en una sombra de las mujeres que deberían ser. Temen que si ponen límites se les tachará de egoístas con "E" mayúscula.

Cuando vuelves a preocuparte por ti misma, a menudo sientes que rompes una ley no escrita: las mujeres siempre deben anteponer las necesidades de otras personas a las propias; las mujeres nunca deben decepcionar ni lastimar a nadie. ¿Acaso tu manera de vivir gira en torno a estas creencias? Esto ocurre con muchas mujeres. Vivir de acuerdo con estos estándares no sólo es imposible sino que te condena a lo que llamamos el *Síndrome de la Supermujer*.

Todas ustedes conocen a la Supermujer. Es la mujer que cree que puede hacer todo. Es la mujer que busca ser todo para toda la gente. Pero si le quitamos la máscara de Supermujer, encontramos a una mujer agotada y exhausta que no podría decir *no* aunque su vida dependiese de ello. A menudo está abrumada y agobiada y, sin embargo, no puede dejar de llenar su calendario con labores voluntarias, citas para comer, juntas de negocios y compromisos sociales, así como actividades extraescolares para sus también agotados hijos. Rescata animales perdidos, siempre tiene invitados en casa y ayuda de manera constante a quien lo necesite. Si le pides algo, su reacción automática es: "Claro. Me dará gusto ayudarte". Hace tan poco por ella misma que apenas existe, salvo para otras personas.

En honor a la verdad, ella es bastante desdichada y necesita con desesperación un poco de tiempo libre. Si encajas, *aunque sea un poco,* en esta descripción, es hora de que reevalúes tu vida y tus respuestas en automático. Es hora de que reajustes tu imagen interior y aceptes que tan sólo eres una mujer común con necesidades propias. Este cambio es radical pero esencial.

Aunque ya no uses tu capa de Supermujer (o quizá nunca la hayas vestido), a menudo te costará trabajo poner límites claros a los demás. Pero tranquilízate, con el tiempo te será más fácil; de hecho, eventualmente se convertirá en una segunda naturaleza...

Ahora aprendo a ser realista con mis expectativas.

☕ Una mejor educación

··

En algún momento de tu vida te embarcarás en un viaje.
Será el viaje más largo que habrás emprendido.
Es el viaje para encontrarte a ti misma.

KATHERINE SHARP

La emoción de su primer viaje en el autobús de la escuela se dibujó en su cara con una desdentada sonrisa de seis años y ojos asombrosos. "¡Hasta luego, mamá!", gritó ella a medida que se alejaba por la carretera mientras las luces amarillas intermitentes del camión la protegían del tránsito que se avecinaba. Levanté la mano, la agité y pronuncié: "Que te vaya bien, mi amor", mientras una lagrimita bajaba por mi mejilla. Y con un rugido mecánico, el gran camión amarillo arrancó. Pude ver cómo mi pequeña agitaba la mano con ímpetu mientras saltaban sus rizos rubios. Mi ansiedad provocada por enviar a mi hija menor a la escuela desaparecía a medida que el autobús se perdía de vista. Pero fue remplazada por mi propia ansia llena de náuseas —también era mi primer día de clases—.

Camuflada con pantalones vaqueros, una playera y con una nueva mochila de lona sujeta a mi espalda, conduje mi miniván en la dirección contraria para empezar mi primer día en la universidad. Estaba llena de dudas: ¿Acaso era demasiado vieja? ¿Podría encajar ahí? ¿Creerían los estudiantes más jóvenes que estoy loca? ¿En verdad podría hacer eso?

Después de todo, hacía veinte años que no leía libros de texto, tomaba notas o escribía ensayos. Pero necesitaba ir.

Siempre me había preguntado cómo habría sido asistir a la universidad. Como era la hija mayor de una familia obrera, no se consideraba importante que yo tuviese una carrera. A los ojos de mi madre, las únicas chicas que iban a la universidad obtenían un título de *señora*, y además era más importante enviar a mi hermano, tres años más joven, porque algún día él tendría que mantener una familia. No había suficiente dinero para que fuésemos los dos. Así que, tras egresar de la preparatoria, me puse a trabajar en una oficina.

Por alguna extraña razón sentí un ardor en el vientre que nunca antes había experimentado. Quizá tuviese algo que ver con la muerte de mi mejor amiga por cáncer de seno, lo cual me hizo dar un buen vistazo a mi vida. Y cuando lo hice, me di cuenta de que mi vida aún no había empezado. Había pasado de ser la hija de alguien a la esposa de alguien a la mamá de alguien, pero nunca me había convertido en *alguien* para mí.

Cuando dije a mi familia que quería ir a la universidad encontré oposición por todos los frentes. Mi madre no podía entender por qué quería ir pues, a sus ojos, yo tenía todo —dos hermosas niñas, una casa de cuatro recámaras en el campo, un auto nuevo y un esposo que ganaba tanto dinero que yo no tenía que trabajar—. ¿Qué más podía querer yo? Pero también estaba mi esposo, que combatió la sola idea de que yo fuese a la escuela; después de todo, ¿cuándo tendría tiempo para hacer la comida, limpiar la casa, lavar la ropa y llevar a mis hijas a los *scouts* y la clase de danza? Y para desanimarme más, me dijo que no me daría un centavo para financiar este sueño tan ridículo. Las únicas personas que me apoyaron fueron mis pequeñas hijas, y ellas en realidad no entendían cómo iba a cambiar su vida debido a mi sueño. A los pocos meses, ellas también refunfuñaron por tener que poner su propia ropa en el armario y turnarse la preparación de la cena por la noche. Pero, en aquel primer día de clase, ninguna oposición importó.

Conducir esas cinco millas a la universidad resultó ser uno de los momentos más importantes de mi vida. En verdad fue un momento clave. La lección que empezó con aquel apacible día septembrino enriquecería mi vida para siempre porque aprendí que en verdad vale la pena arriesgarse a enfrentar el miedo. Ese cambio es bueno. Ese crecimiento es estimulante. La aceptación de retos y la superación de las dificultades que puedan venir con ellos es algo realizable. Pero más que nada, ese vivir mi vida es lo que necesito hacer porque las recompensas son muy grandes, y ese confiar en mis instintos realmente me ha puesto en contacto con la persona que siempre debí ser.

Barbara McCloskey

Lección de vida #5:
Honra el compromiso que tienes contigo misma

Reconocer tus nuevas prioridades, reorientar tu vida y establecer límites claros son elementos esenciales para crear la vida que quieres. Sin embargo, mantener tu palabra también es esencial para este proceso. Debes honrar aquello a lo que te comprometes y cumplir tus promesas, en especial para contigo misma.

Por desgracia las mujeres se traicionan a sí mismas más que a cualquier otra persona. Dices una cosa y haces otra. Las mujeres con o sin hijos (pues alguna vez todas fueron niñas) saben lo que se siente que les hagan una promesa y luego no se la cumplan. Se pierde la fe y la confianza en la otra persona. Lo mismo ocurre contigo. Cuando no sostienes tu palabra, pierdes credibilidad contigo misma y eso socava tu autoestima. Cada compromiso roto es una grieta en los cimientos de una vida de alta calidad.

Quien ha vivido bien, reído a menudo y amado mucho, ha alcanzado el éxito.

Bessie A. Stanley

¿Cuántas veces has dicho que harás ejercicio o comerás mejor y no lo cumples? ¿Has notado que la siguiente ocasión cuando tratas de hacer una promesa similar, está teñida de dudas? No crees del todo que vayas a hacer lo que dices.

A medida que la vida avanza, se vuelve fastidioso tratar de actuar siempre como el personaje que has inventado para ti, y por ello, recaes en la individualidad y te conviertes cada día más en tú mismo. Esto a veces desconcierta a aquellos que te rodean, pero es un gran alivio para la persona en cuestión.

Agatha Christie

Cualquier cosa que no respetes —el compromiso de pasar más tiempo con tus hijos, de vivir con más control financiero, de ser más comprensivo con tus padres— es una traición que envenena el pozo de tu credibilidad. Socava tu integridad y tu confiabilidad. Y no es que el caprichoso dedo del destino vaya a bajar para castigarte. Es sólo que no tienes la fortaleza interior para lograr los cambios que quieres realizar.

Empieza con lo pequeño. No hagas grandes proclamaciones que te predispongan a fracasar. Haz cosas sencillas. Sólo comprométete con lo que en verdad sabes que *puedes* y *vas a* hacer. De lo contrario, no lo digas. Por ejemplo, en vez de proclamar: "Voy a hacer ejercicio cada día de esta semana", mejor di: "Voy a hacer ejercicio durante quince minutos hoy". Es el viejo concepto de Alcohólicos Anónimos de un día a la vez.

En lugar de decir "nunca volveré a gritar a mis hijos" (lo cual es casi imposible), por qué no dices "hoy hablaré con mis hijos de una manera calmada".

O, en vez de decir "desde ahora voy a dedicar al menos media hora diaria a hacer algo para mi desarrollo personal," mejor adopta el enfoque realista de "hoy voy a apartar media hora para mí". El secreto es hacer promesas que sepas que puedes cumplir. Los compromisos manejables te permiten tener éxito y convertirte en una persona que sostiene su palabra.

Construyo confianza y respeto propios al cumplir los compromisos que tengo para conmigo misma.

Herramienta básica: Registro de victorias diarias

Al final de cada día haz una lista de todo lo que has realizado: actos de bondad, decisiones y logros de los que estés orgullosa, pequeños y grandes. Por ejemplo:

Hice ejercicio durante una hora.
No le grité a mi hija, a pesar de que no hizo la tarea.
Llevé a mi vecina una olla de sopa cuando la trajeron del hospital.

Lee tu *Registro de victorias diarias* al menos una vez a la semana como recordatorio de todos tus logros, en especial cuando te sientas deprimida o enfrentes una decisión difícil. Al hacer esto, reconocerás que tu vida es un éxito y que todas las fortalezas que ya tienes pueden ayudarte a crear la vida que quieres.

¡¡ El toque final

¿QUÉ FUNCIONA BIEN?

No importa cuán agotada y sin méritos te sientas a veces, hay ciertas cosas que *sí* funcionan en tu vida. Así que, en lugar de quedarte con lo negativo, toma un momento para considerar lo que sí funciona. No sólo sentirás aumentar tu propia confianza sino que verás que tienes cimientos sólidos para construir sobre ellos. No hay razón para reparar lo que no se ha roto.

Es hora de que tomes una hoja de papel, o mejor aún, tu diario, y elabores el *Inventario del estado de mi vida*.

Anota las siguientes categorías utilizando una hoja para cada una: relaciones, familia, dinero, salud/bienestar, trabajo/profesión, vida social, vida espiritual/religiosa, tiempo libre y aficiones/pasatiempos. A continuación haz una lista de todo lo que creas que está bien en cada una de estas áreas. Es posible que en algunas sientas que nada está bien. Vuelve a pensarlo. No importa cuán pequeños sean, siempre hay aspectos positivos.

Ahora que sabes lo que funciona, cambia de página y considera cómo te gustaría que fuera aquello que no funciona. De nuevo, asegúrate de abordar las mismas áreas principales. Por ejemplo, al enfocarte en tu familia, quizá descubras que no pasas tanto tiempo con tus hijos como quisieras, o que tú y tu esposo no han salido en más de un mes. Sé honesta contigo. Pon atención en la calidad de tu vida y no sólo en las acciones de supervivencia diaria. Ahora hazte cargo de tu vida y haz que ese sueño se convierta en realidad. Está bien empezar con cosas pequeñas... pero hay que empezar por algún lado.

Ingrediente esencial #3

CUÍDATE

Existe una conexión entre el cuidado de uno mismo y el respeto hacia uno mismo.

Julia Cameron

Estacionarse en el centro de la cochera

Hasta ahora, yo nunca había vivido sola. Mi madre, quien tomaba las decisiones por toda la familia, pensaba que no era correcto que una joven soltera viviese sola, así que viví con ella hasta que me casé. Mi esposo y yo estuvimos casados por cincuenta y un años, y aunque él estuvo lejos muchas veces debido a su carrera militar, yo no vivía propiamente sola pues tenía a mis hijos.

Cuando mi esposo murió, nuestro nieto vivió en nuestra casa y permaneció conmigo por más de un año, aunque hace poco tomó la responsable decisión de irse a vivir solo. Ahora, con mis setenta y tantos años, vivo sola y estoy por completo a cargo de mi casa, mi gata, mi auto y mi propia persona. Puedo estacionarme en el lado izquierdo de la cochera, o en el derecho, o en la posición que prefiero, justo a la mitad.

He aprendido que el almuerzo puede ocurrir en cualquier momento entre las 11 a.m. y las 2:30 p.m. y consistir en una ensalada, un emparedado o rosetas de maíz. La cena llega entre las 4:30 y las 10 p.m., y puede incluir delicadezas como carne y verduras, tocino y huevos, o incluso, queso y galletas saladas. Para quienes vivimos solos, la cena suele componerse de un alimento para sofreír, algo que suele llamarse más correctamente *comida de un solo platillo*. Lo importante de la cena es que no interfiera con mi cita de todas las tardes con Tom Brokaw.

Al vivir sola, puedo comer bien vestida o en pijama y calcetas. Mi comedor es redondo con cuatro sillas. A menudo cambio de silla —a veces tomo la del lado Norte, otras veces la del Sur, y otras la del Este o la del Oeste—. No le veo el sentido a sentarme en la misma silla todo el tiempo. De esta manera, puedo ver el comedor desde diferentes perspectivas. Nadie se ofende si leo algo o resuelvo un crucigrama mientras como.

Al dormir, no me he movido hacia el centro de la cama, pues Lucy, mi gata, prefiere el lado derecho. Además, el radio está a la izquierda, y a juzgar por las pocas veces que Lucy ha movido el sintonizador, sus gustos musicales no encajan con los míos, así que seguiré defendiendo mi posición en el lado izquierdo.

La hora de dormir es otra cosa que ha cambiado en casa. Puedo irme a acostar entre las nueve y la medianoche. ¿A quién le preocupa? Si despierto por la noche, puedo leer o ver una película sin molestar a nadie. Aunque he aprendido que los programas nocturnos de HBO o Showtime son demasiado fuertes para mis gustos, el canal American Movie Classics suele tener alguna película sentimental de los años cuarenta que me viene bien.

Tengo que admitir que hay algunos aspectos negativos de vivir sola, como tener que esperar visitas para que alguien me ayude a mover muebles grandes, comer el mismo platillo dos o tres veces hasta que se acabe, no tener a alguien que detenga a la gata mientras realizo algún procedimiento delicado con el cortauñas y tener que retirar yo misma a los pájaros muertos del conducto de ventilación. También están el aguilón del tejado que sólo puede pintarse desde la escalera alta, la llave del cobertizo de cuyo extravío no pude haber sido responsable y el reloj de la reproductora de video que aún marca la hora equivocada. También está el asunto de cómo distinguir el algodón para mis oídos que se confunde con la vieja estopa y las notas que he tenido que colocar en el sótano para identificar cada fusible y el interruptor del agua. No hay nadie que me recuerde qué era lo que iba a escribir en mi lista de *pendientes* ni tampoco una excusa para comprar galletas y helados.

Sin embargo, el desodorante y el spray para el pelo siempre están donde los dejo. Tengo tiempo para contemplar cosas, aun cuando haya olvidado qué era lo que planeaba contemplar. En realidad, me he creado una nueva identidad —no hija, esposa, madre ni abuela—, sino una persona aparte por derecho propio —YO—, obra aún en construcción.

No me malentiendas; a mí me encanta la compañía y me fascina cuando mis familiares y amigos me hacen una breve visita. Pero en verdad me encanta estacionar mi auto en el centro de la cochera.

Louise Hamm

Lección de vida #1:
Practica el cuidado de ti misma

A la mayoría de las mujeres se les ha enseñado desde niñas a dar preferencia a las necesidades de otras personas. De hecho, buena parte del valor que se te da como mujer tiene que ver con tu capacidad para saber lo que alguien necesita. Ése es uno de tus talentos. En efecto, en nuestra sociedad, una de las cualidades principales que constituyen la feminidad es la capacidad de sacrificio. Las mujeres no sólo se han acostumbrado a atender las necesidades de otros, sino que han perfeccionado ese arte.

Cuando las mujeres empiezan a preocuparse por sí mismas, a menudo parece como si rompieran una ley esencial de la feminidad, como si hiciesen algo prohibido. Pero piensa en esto: si no tienes tiempo de preocuparte por ti y recargar tus baterías, ¿cómo puedes preocuparte en verdad por los demás? No se puede.

Ni siquiera soñarías con conducir tu auto si el medidor de gasolina se acercara a la marca de vacío. Tampoco pensarías en presionar a tu hijo para que se desvele toda la noche con el fin de preparar sus exámenes finales y, sin embargo, sí te presionas más allá de lo normal e ignoras el hecho de que la continua negación de tus necesidades te traerá repercusiones negativas e inevitables.

Cuando en verdad cuidamos de nosotros mismos, se nos hace posible cuidar de otros de una manera mucho más profunda. Entre más atentos y sensibles somos a nuestras propias necesidades, más amorosos y generosos podemos ser con los demás.

Eda LeShan

Trae a tu memoria la última vez que estuviste en un avión y recuerda las indicaciones que dio la azafata justo antes de despegar: "En caso de emergencia, primero acomódese la máscara de oxígeno alrededor de la nariz y boca, y después colóquesela a su hijo". La verdad es que primero estás tú, al menos una parte del tiempo. Quizá esto te haga sentir incómoda, pero piénsalo de esta manera: sólo en la medida en que te ames y te cuides serás capaz de amar y cuidar a otras personas.

Cuidar de ti es un factor esencial para crear una vida que ames. Cuando vuelves a preocuparte por ti, creas un equilibrio sano en tu vida.

Primero estoy yo, al menos una parte del tiempo.

Preguntas que conviene hacerse

- ¿Obtengo lo que necesito?
- ¿Cuido de mí normalmente?
- ¿Qué he hecho por mí hoy?

☕ Sentirse libre

Debe haber muchas cosas que un baño caliente no cure, pero yo no las conozco.

Sylvia Plath

Me levanté de mal humor. No quería ocuparme de los quehaceres del hogar, a pesar de que había cerros de ropa sucia. No quería leer el trabajo pendiente que había traído a casa. No quería hacer nada que tuviese que ver con una conducta responsable. Era uno de esos días.

Mientras bebía mi té matutino, sentí venir una jaqueca. Sí, ahí estaba, una sorda palpitación justo detrás de mis ojos. Quizá debía haberme ido a la cama hasta que el dolor cediera. Mientras dejaba los trastes en el fregadero, comenzaron a dolerme los músculos. ¿O eran mis articulaciones? Aquello indicaba que quizá me había enfermado de gripe. Todos mis conocidos se habían enfermado de gripe ese año. ¿Por qué habría yo de salvarme? En verdad debía regresar a la cama.

Regresé a rastras a la cama, me revolqué bajo las sábanas y cerré los ojos. Otro par de horas de sueño me habrían caído bien, sólo que ahora estaba bien despierta. Debía levantarme. Pero no, ahí estaba la jaqueca y el principio de los resoplidos. Tenía que ir por pañuelos.

Mientras regresaba del baño con una enorme caja de pañuelos, me detuve para tomar la nueva novela que había comprado pero que no había tenido tiempo de leer. Abrí el libro y me eché sobre las almohadas.

La mañana avanzaba, al igual que mi lectura. Veinte páginas después, comencé a estirarme. Debía tratar de concluir el informe en el que trabajaba. Al menos debía levantarme y lavar la ropa. Y ¿qué tal si contagiaba a alguien? Claro que no quería propagar gérmenes. La ropa podía esperar. Mi familia era lo bastante ingeniosa como para tener ropa lista para el día siguiente.

Quizá no estaba contrayendo la gripe. No quería estar enferma. Todo lo que quería era un poco de tiempo libre. Necesitaba mimarme lejos de la gente, las tareas, la profesión y el mundo exterior. ¿Tenía que esperar a enfermarme para hacerlo? Cuando niña, el único respiro que podía tomar de la escuela y las labores familiares ocurría cuando me enfermaba. Pero ya no era una niña. ¿Acaso tenía que crearme síntomas para tener una excusa? Decidí que no.

Hablé conmigo. *Muy bien*, dije, *necesitas un día libre. Acéptalo. Sacúdete la culpa y disfruta unas minivacaciones. ¿Que te gustaría hacer? ¿Leer? Estás lista para ello. Mímate. Toma un baño de burbujas. Vuélvete ermitaña. Deja que la máquina responda el teléfono.*

Vertí media botella de gel para baño en el agua corriente y añadí un buen manojo de sales de manzanilla. Entonces encendí una vela con aroma a vainilla y, ya animada, entré a la bañera. Con un suspiro de gratitud, me sumergí en mi *spa* casero. Oí el teléfono sonar a lo lejos y sonreí.

Es curioso sentir cómo los dolores cedieron ante el calor del baño. Tan sólo se fueron con la última burbuja por el drenaje. Mi cabeza estaba bien, y en lugar de las punzadas, había ahora una sensación de bienestar.

Ya entrada la tarde, yo estaba recuperada y me sentía refrescada en cuerpo, mente y emociones. En vez de sentirme desvalida, me sentí fortalecida. Me había dado permiso de escuchar mis necesidades y responderles para cuidarme de la misma manera en que tendía a cuidar a mi familia. Ya no necesitaba el pretexto de una enfermedad para justificar un descanso. Fue un descubrimiento muy sencillo, pero ¿acaso no son las cosas sencillas lo que nos libera?

Ferida Wolff

LECCIÓN DE VIDA #2: DESHAZTE DE LA CULPA

La mayoría de las mujeres están atrapadas en un conflicto entre lo que *piensan* que deberían ser y lo que son en realidad, entre lo que *quieren* hacer y lo que son capaces de hacer. En otras palabras, están a merced de los demonios de la culpa. Tus sentimientos de culpa suelen impedirte que te hagas cargo de ti misma. La mayor parte del tiempo, estos sentimientos se derivan de expectativas poco realistas. Tienes ideales imposibles de acuerdo con los cuales te esfuerzas por vivir —ideales como "siempre debo anteponer las necesidades de otras personas", o "nunca debo decepcionar a nadie"—. Este tipo de estándares no sólo son imposibles de alcanzar, sino que, además, son dañinos para tu bienestar.

La culpa es el principal impedimento para que te preocupes por ti. Siempre hay una lista de cosas pendientes que parecen más importantes que atender tus propias necesidades. También está el temor de decepcionar a alguien si en alguna ocasión decides ser tú la prioridad. Sin embargo, debes detenerte y considerar por un momento que cuando te colocas hasta el final de la lista y permites que la culpa dirija tu vida, la persona a quien decepcionas de manera continua eres tú misma.

No te preocupes, hay algo que puedes hacer —y en verdad, debes hacer—. La mayoría de las mujeres tienen una imagen idealizada de lo que debe ser una buena madre, empleada, hija, esposa, etcétera, y están poseídas por esa imagen de perfección. En lugar de confrontar la comparación entre las imágenes idealizadas y su ser real, muchas mujeres se sienten culpables y desubicadas por no poder vivir de acuerdo con sus propios estándares imposibles de alcanzar.

Tú tienes una opción. Puedes ajustar tus estándares de modo que se acerquen más a la realidad, o puedes cambiar tu conducta. En la mayoría de los casos, sugerimos que te deshagas de las expectativas absurdas. ¿Recuerdas a la Supermujer? Ella no está muerta pues nunca existió. Es hora de que aceptes que eres sólo un ser humano con necesidades propias.

Si eres madre de familia, hay buenas noticias. Si acaso no lo has notado, los tiempos han cambiado. En el pasado, una familia común implicaba un padre proveedor y una madre que se quedaba en casa con los niños. Hoy, sólo seis por ciento de las familias encajan en esta descripción. Hoy, en la mayoría de los hogares estadounidenses ambos padres trabajan fuera de casa, aun cuando hay niños en edad preescolar y de escuela primaria. Las familias fusionadas de padres divorciados y las familias uniparentales se vuelven con rapidez la regla y no la excepción. Nuestros papeles han cambiado junto con las exigencias a las que tenemos que responder. Sin embargo, nuestros propios modelos internos no suelen corresponder en la práctica con las situaciones de la vida real.

Si eres madre y proveedora, te desafiamos a que tengas sentido de realidad respecto de lo que puedes hacer en un día. No tienes que cumplir las expectativas de tu madre y tampoco tienes que cumplir cada exigencia de tus hijos o de tu esposo.

Ahora produzco expectativas más realistas y me libero de toda la culpa por las cosas que elijo no hacer.

☕ Vida después de la muerte

....

Durante dos meses antes de mi cumpleaños número cuarenta, decidí tener en verdad una sesión de llanto y de "sentir compasión por mí misma". Luego concerté una cita médica para mi chequeo anual. Pedí ver a una doctora. De seguro, una mujer podía hacer algo por mí. Estaba cansada todo el tiempo, pesaba más de 200 libras (90 kg) y me sentía cada vez más deprimida.

Llegó el día de mi chequeo. Mary Dailey, practicante de enfermería, me realizó un examen completo. Fue maravillosa. Me dijo que tenía una buena razón para estar cansada y quería que considerara hospitalizarme. Mi recuento de sangre resultó bajo y mis niveles de estrógeno estaban muy mal. Tenía un sobrepeso de 60 libras (27 kg) y una larga lista de etcéteras. Ahí y en ese momento, empecé a tomar hierro, estrógeno, calcio y mi dosis diaria de vitaminas. Les llamo mis *medicinas para llegar a los cuarenta*. Comenté a la enfermera que iniciaría un programa diario de ejercicios. "De ninguna manera", me dijo, "no hasta que pongamos en orden todo lo demás. No va a poder resistir sesiones regulares de ejercicio durante un tiempo". Me dio una cita para verla en tres meses.

Pasaron los tres meses y yo no podía esperar para que Mary Dailey me diese de alta. Fui a un centro de *Kickboxing* y *Tae Bo,* y compré todo el equipo. Pagué la cuota anual de 200 dólares para un nuevo comienzo con una nueva yo. O al menos eso pensé. La señorita Dailey pensaba que aún no era buena idea empezar. "Todavía no. Su estado ha mejorado, pero la deficiencia de hierro sigue ahí". Sus palabras reventaron mi burbuja. *Vamos, tengo más de cuarenta y algunas cosas en mí comienzan a verse bastante gruesas y flojas,* pensé. Fue horrible, pero tuve que esperar.

El siguiente chequeo médico fue tres meses después. Al fin pude iniciar el programa de ejercicios. *Genial*, pensé. *Esto va a ser asombroso. En seis meses deberé pesar alrededor de 140 libras y verme diez años menor.* Me puse mis pants, me vendé las manos, tomé mi toalla, mis guantes de box y me dirigí a mi clase de *kickboxing*. Esas clases son increíbles. La primera pelea es entre contrincantes de entre 100 y 120 libras (45 y 54 kg). La segunda, entre rivales de entre 125 y 150 libras (57 y 68 kg), y por último, están los sobrecalentados, jadeantes, obesos e inútiles de entre 160 y 200 libras (73 y 90 kg). A la mitad de la clase, yo me moría. Me aferré al auto mientras tosía y luchaba por respirar. Apenas pude conducir. Llegué a casa y me recosté en el suelo. No pude moverme por dos horas. *Está bien, está bien*, me dije. *Estaré así por un par de semanas.* Traté de convencerme de que las cosas mejorarían.

En la tercera semana, me había ejercitado sólo por media hora, cuando salí del centro deportivo y, a rastras, me dirigí al auto. Decidí que aquello no iba a funcionar. Pesaba seis libras menos, pero no podía soportar la idea de enfrentar otra clase. ¡Ya era suficiente! Seis meses de esperar esa estúpida clase y ahora no podía continuar. ¿Qué me iba a ocurrir? No quería darme por vencida. Pero la idea de ejercitarme frente al televisor y los videos no me motivaba.

Entonces se me ocurrió una idea. Cuando estaba en la universidad, yo era instructora de aeróbics. ¿Qué tal si me reunía con un par de amigas para ejercitarnos? Conocía el lugar perfecto para nuestras sesiones: el centro recreativo del Ejército de Salvamento. Fui a ver a Judy Ponce, la coordinadora de servicios sociales, y me dio permiso para utilizar las instalaciones. La última semana de agosto del 2000, empecé a ejercitarme con otras siete señoras cada lunes, miércoles y viernes. Me costó trabajo poner rutinas de bajo impacto y alta energía para hacerlas en grupo. Sin embargo, ésta no fue la parte más difícil de la clase. Me sentía intimidada. Me preguntaba: *¿Cómo puedo dirigir una clase de aeróbics si me veo así?* Me di cuenta de que mi actitud necesitaba sanar tanto como mi salud. Yo no era la más apta, pero estaba dispuesta a hacerlo. Al poco tiempo, el centro recreativo comenzó a recibir llamadas que preguntaban por la clase y el grupo comenzó a crecer.

Para el año siguiente, decidí publicar un pequeño anuncio clasificado que decía "Clases de aerobics GRATIS", para animar a la gente a cumplir su decisión de mejorar su condición física. El 3 de enero de 2001, al llegar al centro recreativo, pensé que el Ejército de Salvamento había planeado un evento en horas de mi clase y habían olvidado avisarme. Ni siquiera pude encontrar lugar para estacionarme. Había muchísima gente. Mientras abría la puerta, miré a mi alrededor y pregunté: "¿Vienen todos a la clase de aerobics?" Setenta personas respondieron que sí. ¿Pueden creerlo? Setenta personas ejercitándose conmigo.

Y aquí estoy, en la celebración del primer año. Peso cuarenta libras menos. Mi energía y autoestima han subido hasta el tope. El noticiero local hizo un reportaje al respecto y la gente me habla de ello a dondequiera que voy. Mi esposo dijo que llamó al médico para que le diera una receta y le preguntaron si Rita Williams era su esposa. Le dijeron que yo era su instructora de aerobics. Me han pedido demostraciones para la feria de la salud del hospital. Los programas de dietas regionales me recomiendan con sus clientes.

Hace no mucho tiempo, tuve una entrevista de trabajo. La mujer que me entrevistó me dijo: "Así que usted es Rita. He oído mucho sobre usted y sus clases de aerobics. Nunca en la vida sabrá en cuántas mujeres ha influido".

Mi clase cuenta ahora con más de 250 mujeres. Doy ocho sesiones a la semana. Tenemos dos instructoras voluntarias más y una voluntaria que cuida a los hijos de las participantes. Ellas organizaron un evento para recaudar fondos, con los cuales llevaron a la clase un nuevo equipo de sonido y una tonelada de música nueva.

Con la celebración de nuestro primer año, elegimos un nombre para nuestro grupo: CardioJam con Rita... ¡Mantén ese abdomen firme, firme, firme!

Rita V. Williams

Lección de vida #3:
Cuida tu parte física

¿Cuántas veces has escuchado "tan sólo tienes que comer bien y hacer ejercicio"? Esto se ha vuelto como un mantra para nuestra cultura tan preocupada por la salud. Pero para la mayoría de nosotros esto suena como una condena a una vida de trabajo duro: hacer pesas, agotarse en la máquina escaladora, y comida insípida —brócoli, queso cottage bajo en grasa, pollo asado—. No suena muy entretenido. Si quieres que el cuidado de tu salud sea un compromiso de por vida, debes convertirlo más en un viaje hacia tu bienestar y menos una tarea.

Muchas mujeres descuidan su cuerpo. Como reza el dicho: encienden la vela por los dos lados. Consumen comida rápida, sólo se mueven cuando es indispensable y esperan que su descuido no tenga consecuencias. Pero sí las hay. Quizá no de inmediato, sobre todo si estás entre tus veintes o treintas cuando tu cuerpo aún es garantía, pero ésta caducará tarde o temprano y la desatención a tu salud te cobrará su cuota. Piénsalo por un minuto: ¿Conducirías tu auto con la luz del aceite encendida? Improbable. ¿Pondrías gasolina de baja calidad en un Ferrari? Jamás. Sin embargo, por sorprendente que parezca, es demasiado frecuente que descuidemos y maltratemos nuestro vehículo más precioso.

Tu salud física es fundamental. Tu cuerpo es el vehículo a través del cual expresas tu persona y tu vida. Cuando algo funciona mal en tu cuerpo y sientes dolor o estás de mal humor, es muy probable que todos los demás aspectos de tu vida se vean afectados. Tu salud debe ser una de tus mayores prioridades. Cuidar tu cuerpo es fundamental para vivir una vida de calidad superior. Cuando gozas de un óptimo estado de salud, toda tu vida mejora. Pero al igual que todo lo demás, requiere de esfuerzo. Si acaso has ignorado tu cuerpo, es hora de que lo redescubras.

Mi bienestar físico es esencial para sentirme plena, y por ello hago de mi salud una prioridad.

Alimento para el pensamiento

Por increíble que parezca, a muchas mujeres no les importa dedicar horas a buscar y luego días o semanas en comprar un nuevo auto o aparato electrodoméstico. Pero les cuesta trabajo dedicar 30 minutos diarios a hacer algo que mejorará su salud. No esperes a despertar con alguna enfermedad para empezar a cuidar tu cuerpo. Haz del ejercicio una prioridad inamovible.

☕ Si yo tuviese suerte

Si yo tuviese suerte en esta vida, aprendería el arte del desapego.

Empezaría con la báscula del baño, esa pequeña molestia cuadrada. ¡Adiós!

En seguida, mi reloj, guardián de rígidos rituales y desdichadas citas. ¡Adiós!

La perfección, mi siguiente gran despedida. Dejaría que se acumulase el quehacer en la casa e invitaría a muchas de mis amigas a visitarme. Pondría la aspiradora a la mitad de la sala y la dejaría ahí por seis meses.

Luego, abandonaría mi acostumbrada danza de las preocupaciones. La salud de mi esposo, la seguridad de mis hijos, la escasez de dinero, el qué dirán, la soledad, la compañía, los terroristas, los recaudadores de impuestos, las termitas... ¡Ten tú el control! ¡Deja que se vayan las preocupaciones!

Viajaría por todo el mundo y tomaría montones de fotografías en blanco y negro de todos esos rostros maravillosos.

Me sentaría en la playa con mis amigos y comería unos insalubres y deliciosos hot dogs.

Con mi esposo, daría largos paseos por la playa hasta llegar al faro.

Algunas veces, me sentaría en silencio a la entrada de mi casa y escucharía los pajarillos por horas. Otros días pondría un poco de jazz u ópera con el volumen muy alto.

Me rodearía de gente amante de la naturaleza, la risa y el postre.

Dedicaría mi tiempo a disfrutar la vida y a no hacer nada.

Me recostaría en mi asiento y disfrutaría del viaje.

Avis Drucker

Lección de vida #4: Cultiva una voz tolerante

Un aspecto esencial del cuidado de uno mismo es cultivar una actitud compasiva hacia uno mismo. Las mujeres tienden a ser demasiado duras y críticas con ellas mismas, y esto es lo último que necesitan. Lo que en verdad necesitas es una actitud más positiva y amorosa para contigo misma. Por desgracia, la mayoría de las mujeres son expertas en apoyar y comprender a otras personas, pero cuando se trata de ellas mismas, fracasan por completo.

Todo el mundo tiene un crítico interior sobre sus hombros, que ve y juzga cada movimiento que haces. Quizá te suene conocida alguna de las siguientes frases: "¡Qué vieja te ves! Tienes arrugas hasta en los lóbulos de las orejas". "Olvidarías hasta la cabeza si no la tuvieses pegada". "Por más que te esfuerces, nunca lograrás nada". La triste verdad es que casi todas las mujeres mantienen esta clase de diálogo molesto con ellas mismas de manera continua.

> *El perfeccionismo es la voz del opresor, el enemigo de la gente. Te tendrá oprimido y loco toda tu vida.*
>
> *Anne Lammot*

¿Alguna vez has notado que, hagas lo que hagas, tu crítica nunca está satisfecha? Nada de lo que haces parece complacerla o, algo más importante, nada logra acallarla. ¿Querrías tener a una amiga que te critique todo el tiempo, te culpe por todo lo que te sale mal, te haga sentir mal sin importar lo que hagas, te recuerde cada uno de tus defectos y te vapulee incluso por tus errores más pequeños? ¡No, así fuese la última persona viva! Y sin embargo, a menudo te rindes ante esta tirana.

Quienes impulsan el mundo hacia arriba y hacia adelante son las personas que prefieren animar antes que criticar.

Elizabeth Harrison

Cuando te sientes desanimada, deprimida y odiada por ti misma, caes en las garras de tu crítica interior. Es imposible que te sientas bien contigo misma cuando hay una voz en tu cabeza que te dice que lo que haces está mal o que eres una mala persona. Es hora de que recuperes el control de tu vida para tener una actitud positiva, protectora y tolerante contigo misma.

Pero ¿cómo puedes empezar a cultivar una voz compasiva? Primero, envía a tu crítica interior a unas vacaciones con todo pagado a las Bahamas. Expúlsala de tu cabeza.

Ahora desarrolla esa voz interior de tolerancia que te dará confianza cuando te sientas agobiada. "No importa si hoy no puedes pagar esta cuenta. Podrás hacerlo con el cheque que recibirás el viernes". Ésta es la voz que te animará cuando lo necesites. "¡Quizá hayas ganado algunos kilos, pero aún te ves fabulosa!" Ésta es la voz que te alentará a apartar un tiempo para ti cuando lo necesites. "Sí, ahora mereces leer tu libro".

Preguntas que conviene hacerse

· ¿Qué es lo que más crítico de mí misma?
· ¿Cuál es el aspecto más positivo que puedo decir como respuesta a esa crítica?
· ¿Qué pasaría si empezara a concentrarme en mis cualidades y fortalezas?

Y ésta es la voz que pondrá en perspectiva tus expectativas y las de los demás. "Tú preparas muchos platillos deliciosos, así que esta noche puedes descansar y comer cualquier cosa".

Entre más recurras a tu voz tolerante, más fuerte se volverá. Aunque parezca un poco torpe al principio, incorpórala cada vez más a tu vida cotidiana.

Recuerda que es probable que tu voz tolerante tarde un poco en dominar tu diálogo interior. Sin embargo, con el tiempo, tu voz compasiva superará a tu crítica interior. ¡Y qué alivio tendrás! A medida que te des más espacio en tu propio interior, te será más fácil crearte espacio en tu vida cotidiana.

Yo merezco el elogio y el apoyo
de mi voz interior compasiva.

Herramienta básica: Fortalece a tu defensora

Toma una hoja de papel tamaño carta y dóblala por la mitad. Haz dos columnas: una para tu voz crítica y otra para tu voz tolerante y compasiva. Luego, sin censurarte, anota las críticas que te haces a menudo. Deja que salga todo.

Ahora, piensa en alguien que te acepte tal como eres, como alguno de tus padres, abuelos o amigos. Si no puedes pensar en una persona real, imagina qué sentirías si una persona así estuviese contigo en este momento. Siente la calidez y la aceptación de esa persona. Luego, en la otra columna, escribe frases positivas, compasivas y defensivas en respuesta a las críticas. Permite que tu voz tolerante se exprese en plenitud.

Veamos un ejemplo de esto:

Voz crítica: ¿Crees merecer tiempo para ti? ¿Qué hay de los montones de ropa sucia que has acumulado o de las cuentas que aún no pagas?

Voz tolerante: Nada de eso es urgente. Merezco tiempo para mí.

Voz crítica: Sí, claro. Primero estás tú, luego tú y después tú. No eres más que una egoísta berrinchuda.

Voz tolerante: No, no lo soy. Trabajo mucho y casi siempre soy muy responsable, pero necesito un descanso.

Voz crítica: Tú no sabes lo que es trabajar mucho.

Voz tolerante: Sí lo sé. Voy de arriba a abajo todo el día y me aseguro de que la casa esté en orden, que los niños vayan a la escuela y que hagan su tarea. Si tienes algo que decir, deberás hacerlo de manera más amable o no te escucharé más.

Ahora parte el papel a la mitad y tira a la basura la parte negativa. Es hora de que empieces a deshacerte de tu crítica interior.

Palos y piedras

"Los palos y las piedras tal vez me rompan los huesos, pero las palabras nunca podrán lastimarme".

Hace mucho tiempo, mi amiga Joan creía en ese canto infantil. Al menos lo intentaba, cuando era joven, rolliza y objeto constante de las bromas.

Luego las cosas cambiaron. Joan creció y se ensanchó.

Como adulta, su peso sobrepasa las 500 libras (226 kg). Sus amigos dicen, con toda discreción, que ella es *grande*. Sus médicos dicen que padece de *obesidad mórbida*. El resto del mundo la llama *gorda*.

Algunos la llaman así en voz baja; otras se lo gritan en la cara. Y, aunque uno no lo crea, hay quienes dicen cosas peores.

Y no vayas a pensar que ella no ha escuchado esas palabras. Las ha escuchado y la han lastimado de manera muy profunda. Pero Joan ha aprendido cómo evitar ese tipo de comentarios tan hirientes. Simplemente evita a las personas que los hacen. Y se queda en casa.

En su casa, donde se siente a salvo.

Pero al aproximarse la celebración de sus veinticinco años de casada, su esposo planeó una noche romántica en pareja, una salida a cenar. Dan sabía que no sería fácil —por la manera de pensar de Joan, lo único peor que *estar* en público era *comer* en público—, y sin embargo inició toda una campaña para convencer a Joan de que cenaran juntos en un buen restaurante. Ella accedió de mala gana y con cautela.

Para distraerse de la molestia que le provocaba el acontecimiento por venir, Joan, modista experta, decidió hacerse una blusa nueva y elegante para la celebración.

Y muy pronto llegó la gran noche.

Dan había hecho una buena elección. La iluminación era romántica, el ambiente dulce, el personal muy atento. La comida resultó una delicia, algo fuera-de-este-mundo. El restaurante era perfecto. Por desgracia, los otros comensales no.

Joan logró ignorar los comentarios torpes. Incluso se las arregló para no fijarse en las miradas groseras. Pero no pudo pasar por alto a la pequeña niña de la mesa contigua. La pequeña no dejaba de mirar a Joan. Cuando la niña se levantó de su asiento y se dirigió a su mesa, Joan quería desaparecer. La experiencia le había enseñado que los niños podían ser especialmente crueles.

La niña con ojos de asombro se detuvo junto a Joan. Le acercó un solo dedo y tocó su blusa de terciopelo índigo.

"Eres suave y tierna, como mi conejito", dijo la pequeña.

Joan retuvo la respiración mientras una diminuta mano palpaba con suavidad sus mangas.

"Se ve usted muy bonita con esa blusa". La niña sonrió y regresó a su silla.

Un simple comentario; un solo cumplido. Eso fue todo. Pero, según Joan, aquello fue suficiente para cambiar su vida y modificar su perspectiva.

"Ahora", dice Joan, "cuando la gente me mira, de inmediato recuerdo esos diminutos dedos de ángel que me acariciaron. Y estoy segura de que sólo... admiran mi ropa".

"Ahora", dice Joan, "cuando la gente murmura a mis espaldas, juro que puedo escuchar la voz de un angelito que me recuerda que soy bella. Y estoy segura de que las palabras que dicen son... halagos".

"Eso es todo lo que escucho ahora", dice Joan. "Sólo cumplidos. Las palabras nunca podrán lastimarme".

Carol McAdoo Rehme

Lección de vida #5:
Acepta los cumplidos

La gente llama a algunas personas presumidas, engreídas o vanidosas. Pero se cae en el desánimo cuando no se puede cantar alabanzas propias ni aceptar ningún cumplido. ¿Cuántas veces alguien te hizo un cumplido y tú simplemente lo aceptaste? Probablemente una vez y eso es mucho.

En la mayoría de los casos, das excusas o una letanía de razones por las que no mereces el cumplido. Si alguien te dice que cocinas muy bien, tú de inmediato respondes: "Oh, no fue nada". Si un amigo te dice que te ves muy bien, le respondes: "¿Yo? Debes estar bromeando, mi cabello es un desastre". Cuando rechazas el cumplido de otra persona, en realidad la descalificas a ella y a ti.

¿Cómo respondes cuando un amigo te da un regalo? ¿Lo valoras? ¿Expresas tu gratitud? Un cumplido es un regalo verbal. Acéptalo con cortesía y llénate de él.

Es hora de que dejes de minimizarte. Debemos sentirnos bien por recibir comentarios tan halagüeños. Permítete disfrutar el elogio amigable de otras personas. La próxima vez que alguien te diga un cumplido, empieza por decir "gracias". Nada más. No te preocupes, no estás en peligro de volverte engreída.

Yo acepto los cumplidos con apertura y gracia.

🍵 El querido puesto de cazador

"Un puesto de cazador. Eso es lo que quiero para mi cumpleaños".

Diane se colocó a un lado de la lavadora, rodeada de pilas de ropa sucia que nunca parecían disminuir. Un fregadero lleno de platos sucios la esperaba en la cocina, y había juguetes por doquier. El teléfono sonaba, el perro ladraba, los gemelos jugaban a los espadachines con unos palos en el centro de la sala.

Diane no pudo averiguar por qué su esposo Paul había elegido ese momento para sacar a colación el tema de su cumpleaños, pero ella había planeado esa respuesta por un largo tiempo.

"¿Un puesto de cazador?" Paul la miró como si se hubiese vuelto loca.

"¿Cuando te aficionaste a la caza?"

"No me he aficionado a la caza. Tan sólo quiero que me construyas un puesto de cazador en aquel árbol". Ella señaló el gigantesco arce al fondo de su patio. "Todo lo que debe incluir es una escalera de cuerda, una en la que pueda apoyarme cuando esté ahí arriba".

Paul se alejó moviendo la cabeza, y Diane lo escuchó murmurar algo sobre haberse equivocado todos estos años por pensar que las mujeres querían regalos de perfume, joyería o lencería.

"Un puesto de cazador", murmuró él una y otra vez. "Ella quiere un puesto de cazador".

¿Cómo podía ella hacerlo entender de su necesidad de tener su propio rincón silencioso? Ella anhelaba un lugar donde pudiese escapar —aunque fuera por unos pocos minutos— de las interminables exigencias que implica ser ama de casa y educar a tres pequeños, un lugar que fuese suyo y de nadie más, un lugar creado para hacer imposible cualquier cosa menos relajarse.

Muchos de los hombres en la familia —incluido Paul— eran cazadores de venados y Diane siempre había envidiado la emocionante privacidad del tiempo que pasaban sobre el suelo del bosque, donde no necesitaban de nada salvo paciencia y silencio.

El invierno anterior, durante la temporada de caza, se le había ocurrido una idea. Ella podía tener ese tiempo y ese lugar tan especiales sin volverse cazadora o siquiera salir de casa. Todo lo que necesitaba era su propio puesto de cazador.

Pero, ¿cómo podría explicar eso a Paul?

Sin embargo, él nunca pidió una explicación. Tan sólo llegó a casa la tarde del cumpleaños de Diane con un montón de madera y una caja de clavos y subió las escaleras hasta la recámara de los niños.

"Vengan, chicos. ¡Construyamos a su mamá un regalo de cumpleaños!" Paul, de once años, y Kyle y Seth, de nueve, bajaron las escaleras y se dirigieron al patio donde se ocuparon en medir, coser y martillar hasta casi la hora del anochecer.

Bajo ninguna circunstancia debía Diane salir o siquiera asomarse al patio.

Por fin, Paul entró y la tomó de la mano. "Cierra los ojos y ven conmigo", le dijo. La brisa del anochecer sopló fría en su piel y él la condujo al exterior por la puerta trasera. Ella pudo escuchar a los niños reír.

"Ahora puedes mirar", dijo Paul cuando llegaron al fondo del patio. "¡Feliz Cumpleaños!"

Era hermoso. Situado en la encorvadura de un sólido árbol a alrededor de diez pies del suelo, el puesto tenía justo el tamaño ideal para una sola persona. Una barandilla de seguridad rodeaba el piso, del cual colgaba una escalera de cuerda.

Paul y los chicos reían como si fuesen a estallar de impaciencia. "¿No lo vas a probar mamá?", preguntó Seth.

"Claro que sí". Y tras decir eso, Diane se sujetó de la escalera y trepó por ella. Se dejó caer en la silla que se había construido sobre la plataforma. "¡Perfecto!", exclamó ella. "Justo como lo imaginaba".

"Y mira esto mamá", gritó Kyle desde abajo. "Una polea con una cubeta para que puedas subir cosas. Paul hijo colocó en la cubeta un paquete con un enorme moño rosa atado y Diane lo subió con la cuerda.

Dentro del paquete había un letrero de madera. En él, se había tallado con todo cuidado las palabras "**El puesto de *casador* de mamá**". Paul le guiñó mientras ella leía el letrero en voz alta, y sus ojos se llenaron de lágrimas.

"Gracias muchachos. Es el mejor regalo de cumpleaños que he recibido jamás".

Y ella tuvo razón. Siempre que se sentía abrumada por las pilas de ropa o de trastes sucios, siempre que no podía soportar el sonido del teléfono, la televisión o tres pequeños diablillos un minuto más, siempre que sentía una desesperada necesidad de escapar, recordaba ese regalo de cumpleaños que la esperaba en su patio trasero.

Entonces, llenaba una botella con té, arrojaba un par de galletas en una bolsita y tomaba algún libro o revista pendientes por leer por falta de tiempo. Colocaba esos objetos en su cubeta y trepaba por la escalera de cuerda hasta la plataforma en la encorvadura del arce.

A veces permanecía ahí por una o dos horas en las cuales leía acompañada de un tentempié o dormía una siesta. A veces se quedaba sólo por unos minutos, los suficientes para calmar el golpeteo de su corazón por medio de una pequeña oración o de la contemplación de una mamá ave volando hacia sus bebés en el nido.

Los niños sabían que cuando mamá estaba en el puesto de cazador con la escalera recogida, no debían molestarla.

Quizá el teléfono sonaba, la secadora zumbaba, el televisor se averiaba y el cereal se endurecía y secaba en el fondo de los platos. Nada de esto importaba cuando Diane se regalaba su momento de paz en el árbol.

Ella siempre bajaba de ahí renovada y refrescada, lista para tomar con energía y paciencia cualquier cosa que su ocupada vida le arrojara.

El puesto de *casador* de mamá, decían las palabras talladas en su letrero. Ella nunca olvidaría cómo Paul le guiñó la primera vez que ella leyó aquellas palabras. "No tuve el corazón para decirles que habían escrito mal cazador", le susurró él después.

Ella movió la cabeza. "Ellos no se equivocaron en lo absoluto", respondió ella. "Es mi regalo más querido. Lo escribieron tal como es".

Jenny Ivey

Lección de vida #6
Programa tiempo sólo para ti

Muchas mujeres sienten que el tiempo que se dedican es tiempo robado que las distraen de deberes más importantes. Es hora de dejar de sentir que tienes que enfermarte para poder darte un rato libre. Es hora de que empieces a programar en tu horario actividades que te satisfagan, pues al programar tu tiempo personal, lo vuelves legítimo.

Tómate unas minivacaciones. Todos necesitamos un descanso de nuestra vida tan ocupada. Por supuesto, hay tanto que hacer que no te sería posible tomar tiempo sólo para ti. Pero pongamos las cosas en perspectiva. En la vida hay muy pocas cosas que requieren de tu atención inmediata. Quizá tú creas que en verdad la requieren, pero salvo raras excepciones la mayoría de las cosas pueden esperar hasta mañana. En otras palabras, aparta tiempo para ti misma.

Si te descuidas, podrías poner en riesgo tu salud y bienestar. Y si estás a punto de agotarte por completo, eso no le beneficia a nadie y mucho menos a ti. Quizá resuelvas los problemas de tu vida diaria, pero vivir en la inercia no es lo mismo que crear una vida que ames.

Demasiados de nosotros nos aferramos a lo que no tenemos, no podemos tener o nunca tendremos. Gastamos demasiada energía en lamentos, cuando podríamos usar la misma cantidad de energía —si no es que menos— en hacer, o al menos tratar de hacer, algunas de las cosas que en verdad queremos hacer.

Terry McMillan

Imagina cómo sería tener tiempo para ti. ¿Qué quieres hacer? ¿Adónde quieres ir? ¿Con quién quieres pasar ese tiempo (si acaso quieres pasarlo con alguien)?

Empieza con poco, haz lo que puedas controlar: una salida a comer con algún amigo, acurrucarte por una hora con un buen libro, una tarde en el cine, un paseo por el bosque, pasar parte del día en cama, tomar una siesta, ver tu película favorita o pasar un día de campo en el parque. Las posibilidades son infinitas.

Si en verdad eres atrevida, tómate un día entero. Esto no significa dedicarte a pagar cuentas pendientes, realizar trabajo doméstico o hacer mandados. Es un día dedicado a ti y sólo a ti. Avisa a tu familia que te tomarás un tiempo sólo para ti. Llama a tu trabajo para decirles que descansarás un día por tu salud mental. Tómate un día de incapacidad aunque no estés incapacitada. Usa uno de tus días de vacaciones sólo para mimarte.

Sé valiente y programa al menos una hora de tiempo personal una vez por semana. Recuerda, puede tratarse de algo tan sencillo como levantarte antes que tu familia y disfrutar de tu café o té matutino en paz, sumergirte en un baño de espuma a la luz de las velas o ver cómo se abren los pétalos de las rosas en tu jardín.

Cuando programes tiempo personal, haz cosas sencillas. Entre menos preparativos necesites, mejor. Una manera de protegerte contra la tiranía de los *deberes* es hacer un plan con alguna amiga. Al usar este sistema de las amigas, tienes menos probabilidades de cancelar la cita.

El cuidado de uno mismo es fundamental. Es necesario para tu bienestar psicológico, emocional y físico. Cuando apartas tiempo sólo para ti, declaras tu propio valor. En respuesta, otras personas te valorarán y te tratarán con mayor respeto.

Tomar tiempo para ti no es una recompensa por haber concluido todos tus asuntos pendientes. Es una necesidad derivada del hecho de que tú eres un ser humano y mereces cuidarte todos y cada uno de los días. Cuidarte es un derecho

> **Preguntas que conviene hacerse**
>
> · Si tuvieras tiempo para ti misma, ¿cuáles serían las tres cosas que te gustaría hacer?
> · Selecciona ahora una de esas actividades y haz el compromiso de hacerla dentro del próximo mes

Se gasta tanta energía al desear como al planear.

Eleanor Roosevelt

de nacimiento; ten el valor de reclamarlo. Nuestro reto en una sociedad que adora el logro de resultados y deplora el ocio es aprender cuándo *hacer* y cuándo *ser*. Descubrir cómo encontrar un equilibrio entre ambas cosas es esencial para tu bienestar.

Yo me agrado lo suficiente como para pasar tiempo conmigo.

☕ Una impresión duradera

Di vuelta en la entrada de mi casa y estacioné mi auto después de hacer una rápida visita al supermercado. Mientras la puerta del auto se abría, tomé una bolsa de víveres bajo cada brazo, salí y cerré la puerta con la cadera. Al ver que mis dos brazos estaban ocupados, Robert, mi hijo adolescente, interrumpió su conversación telefónica para abrir la puerta de la cocina. Una vez adentro, rápido aparté el lenguado congelado y el pargo del Golfo y el mero que estaban de oferta en el mercado de carnes. Tras colocar el resto de los víveres en la despensa, doblé las bolsas de papel y las coloqué en el bote de reciclaje. Al mirar mi reloj, noté que mi esposo Fred pronto llegaría a casa y comencé a preparar la cena.

A los pocos minutos, Fred llegó del trabajo con una curiosa expresión en la cara. "¿Acaso jugaron baloncesto los chicos hoy?", preguntó.

"No, ¿por qué preguntas?", respondí.

"La puerta trasera derecha del auto tiene una abolladura como del tamaño de una pelota de baloncesto", dijo enfadado.

Mi cara se puso roja y tragué saliva. "¿En serio?"

"¿Acaso bromearía sobre algo así? Ven a verlo tú misma". Fred dio media vuelta y salió de la cocina.

Apagué la estufa, me sequé las manos con una toalla de papel y lo seguí afuera para evaluar el daño. Y en efecto, la puerta trasera derecha tenía una enorme abolladura.

"¿Estás segura de que los chicos ni siquiera practicaron tiros a la canasta? Ve el golpe. ¡Parece producido por una pelota de baloncesto!

Los ojos se me llenaron de lágrimas. Mi rostro se ruborizó. Con berridos, confesé que lo que había abollado la puerta del coche eran mis *nalgas de balón*.

Los ojos de Fred se abrieron al máximo, "¿Cómo hiciste eso?"

"Bueno, como cargaba el mandado con ambas manos, usé mi trasero para cerrar la puerta del auto", confesé.

Fred sacudió la cabeza y examinó el coche con más detenimiento. Me guiñó un ojo mientras medía mis caderas con sus manos. Luego puso las manos separadas sobre la abolladura de la puerta. Coincidían a la perfección. Sentí que mi corazón se hundía. Tal imagen era una realidad deprimente.

Fred encontró el émbolo del baño en la cochera y empezó a reparar la puerta abollada. Por aquel momento, reapareció Robert.

"Mamá, ¿a qué hora vamos a cenar?" Entonces vio a su papá. "¿Qué haces?"

"Nunca me creerías si te lo dijera, hijo".

La succión del émbolo enderezó la abolladura del auto. Por suerte, no hubo daño permanente, salvo el de mi ego.

Aliviada, dije: "¡Oh, gracias a Dios! ¡Estoy tan avergonzada!"

De repente, empecé a reír. La risa se volvió contagiosa e incontrolable. Ambos nos tomamos de los costados mientras aullábamos. Mi hijo, convencido de que estábamos locos de atar regresó a la casa y sacudía la cabeza de incredulidad.

"Bueno, nunca habría esperado *esto* cuando regresé a casa", dijo Fred entre carcajadas.

"Lo siento. No volveré a hacerlo", respondí con una risa ahogada.

Después, pensé en cómo Fred decidió no comentar el chusco incidente frente a los niños. Decidió guardarlo como un chiste privado. Yo recordé las veces que había criticado a mis hijos frente a otras personas o reído por sus ocurrencias infantiles con lo cual quizá herí sin querer su autoestima. Juré poner atención, estar más consciente de mis acciones y reacciones, siempre tener un gran respeto por mi familia y pensar lo mejor de ella —incluso en la peor de las circunstancias—.

La puerta del auto sobrevivió, mi ego se recuperó tras semanas de hacer dietas, pero la bondad de mi esposo hizo una impresión duradera en mí.

Sharla Taylor

Lección de vida #7:
Cultiva el sentido del humor

La risa es curativa. Una buena carcajada es terapéutica. ¿Sabías que cuando ríes tu cerebro secreta sustancias que actúan como antidepresivos? La risa incluso fortalece tu sistema inmune. Es una gran reductora de estrés. Cuando ríes, tu cerebro libera endorfinas que crean sentimientos de alegría y euforia. No hay nada como una buena risa para calmar la intensidad de una situación y darte un poco de eso tan necesario llamado perspectiva.

Tener sentido del humor es otra faceta del cuidado de tu salud. Sin embargo, con las rutinas tan ajetreadas en las que vivimos, solemos olvidarnos de reír. Nos volvemos tan serios que perdemos el contacto con nuestra sensación de alegría y nos hacemos sombríos y secos, nada de lo cual es conveniente para nuestro estado de bienestar general.

Todos hemos tenido días en los que nada parece salir bien. Queremos que las cosas sean de cierta manera pero no podemos lograrlo. Uno de los mayores beneficios de tener sentido del humor es que si tú puedes reír, entonces eres capaz de superar cualquier cosa. No se puede reír y estar tenso a la vez. Tú tienes una opción. Puedes volverte cada vez más rígido o bien aceptar las cosas como son y tomártelas con calma. Pregúntate si acaso te tomas demasiado en serio a ti misma y a tu vida.

Quizá hayas tenido la experiencia de poder reírte de ti misma en medio de una situación difícil o frustrante y del alivio que eso produce. Haz el propósito de tomarte las cosas con calma. Comienza a ver lo gracioso en las ironías de la vida cotidiana. La próxima vez que enfrentes un dilema, agrégale una pizca de humor. No podrás evitar sentirte mejor. Recuerda, cuando todo lo demás falle, ríe.

Yo río con facilidad y a menudo.

El toque final

¿QUÉ QUIERES EN VERDAD PARA TI?

Éste es un cuestionario sobre el cuidado de ti misma. Es sólo para ti —nadie más necesita verlo, así que no habrá a quién impresionar—. Es simplemente una manera de evaluar qué tan bien te cuidas.

Dedica un momento a responder las siguientes preguntas:

1. ¿Cuántas veces por semana dedicas tiempo a hacer algo divertido?
❐Una vez ❐Rara vez ❐Nunca

2. ¿Cuándo fue la última vez que te tomaste tiempo para estar con un amigo, recibir un masaje o hacer algo puramente placentero para ti?
❐La semana pasada ❐El mes pasado
❐No lo recuerdo

3. ¿Qué tan a menudo haces alguna forma de ejercicio físico?
❐Al menos dos veces por semana ❐De vez en cuando
❐Casi nunca

4. ¿Qué haces para distraerte y relajarte?
❐Ver televisión ❐Dar una caminata

❏Beber un vaso de vino

5. ¿Cómo te sientes con tu cuerpo? ¿Te gusta cómo se ve? Califícalo en una escala del 1 al 5 (1 = lo odias; 5 = te encanta).
❏1 ❏2 ❏3 ❏4 ❏5

6. ¿Estás a no más de diez libras de tu peso ideal?
❏Sí ❏No

7. ¿Con qué frecuencia te sientes irritada por causa del estrés y al cansancio excesivos?
❏Al menos una vez a la semana ❏Todos los días
❏Sólo de vez en cuando

8. ¿Pides ayuda cuando la necesitas?
❏A menudo ❏Rara vez ❏Nunca

9. ¿Obtienes tanto contacto y cariño físico como quisieras?
❏Sí ❏No

10. ¿Qué tan a menudo dices "sí" cuando quieres decir "no"?
❏A menudo ❏Rara vez ❏Nunca

11. ¿Has tomado ya el camino que quieres seguir en tu vida?
❏Sí ❏No

12. ¿Deseas fervientemente volver a casa al final del día?
❏Sí ❏No

13. ¿Cuándo fue la última vez que reíste?

❏Hace poco   ❏No lo recuerdo

14. ¿Cuánto tiempo semanal dedicas sólo a relajarte?
❏ Suficiente   ❏Muy poco   ❏Nada

Una vez que hayas podido responder las preguntas anteriores, piensa qué tan bien te cuidas. En una escala del 1 al 10 (1 = descuido absoluto; 10 = excelente cuidado), califica tu desempeño en este rubro.

Sumamente descuidada 1 2 3 4 5 6 7 8 9 10 Muy bien cuidada

Por favor sé honesta contigo. Recuerda, esto es sólo entre tú y tú.

RODÉATE DE APOYO

Llámalo clan, red, tribu, familia, como quiera que lo llames, y quien quiera que seas, necesitas uno.

Jane Howard

Granny (abuelita) cumple nueve años

A menudo pienso, ¿cómo podría haber sobrevivido sin estas mujeres?

CLAUDETTE RENNER

Me coloqué a la entrada de mi casa, rodeada de globos, y cada una de mis amigas me entregó un paquete colorido. "¡Feliz cumpleaños, Twink!" Y con una reverencia infantil, les di las gracias.

"¿Invitaste a algún *chicooo*?", preguntó Becky, mi amiga pelirroja.

"¡Ni loca!" gritó Ruth, "esto es sólo para chicas". Ruth mide 5'10" (1.78 m) y es muy aferrada a sus ideas.

A estas amigas las conocí hace mucho tiempo. El cabello de Becky es rojo; se pinta las canas. Ruth ha medido 5'10" durante sesenta de sus setenta y dos años.

Ocho mujeres, miembros de nuestro *Club de Granny*, habían venido a celebrar el cumpleaños de una niña, una de las tantas fiestas que me perdí durante mi infancia. Mi madre había muerto diecinueve días antes de que yo cumpliese seis años. Devastado, mi padre nos llevó a otro estado para que pudiésemos vivir con sus padres. Por accidente, alcancé a escuchar a mi padre y mi abuela decidir no celebrar mi cumpleaños, pues creían que yo no estaría consciente de ese día. Mi mente de seis años concluyó que yo no les importaba lo suficiente como para celebrarme. Aquella fue la primera fiesta de cumpleaños que no tuve.

En esta fiesta, la de mi cumpleaños número cincuenta y nueve, bien instalada en mi adultez, pedí a este atesorado grupo de amigas que me ayudara a celebrar mi noveno cumpleaños.

Algunas invitadas pronto se colocaron el gorrito de papel y soplaron los espantasuegras contra las melindrosas que ajustaban la liga del gorro sobre su peinado.

Los niños juegan en las fiestas y nosotras no íbamos a ser la excepción. Cat, a quien recién habían operado de una cadera, logró sentarse sobre las rodillas para participar en un juego de cantillos alrededor de nuestra vieja mesa cafetera de seis patas. A Genea le tocó empezar. Logró llegar a los números tres sólo porque había jugado con sus nietos la semana anterior. Cuando Myrna lanzó la pelota, voló sobre la mesa. Le permitimos volverlo a intentar una y otra vez hasta que por fin alcanzó todos los cantillos en los unos. Entonces tocó el turno a Patti. Cuando erró el tiro, miró a Myrna. "Mira lo que provocas que haga", rezongó.

"¡Tú empezaste!", respondió Myrna, con una actitud de niña de nueve años. Becky, que dedica mucho de su tiempo a hablar a grupos de mujeres, se revolcaba de risa en el suelo.

"¡Ya basta! ¡Es suficiente!", dije ahogada de risa, "comamos un poco de pastel y helado".

Las supuestas niñas de nueve años pujamos y nos quejamos mientras nos ayudábamos unas a otras a ponernos de pie. Felices, nos fuimos a la mesa del comedor, un lugar donde nuestro cuerpo se sentía mucho más cómodo.

Mientras yo pretendía de ser mi madre y yo misma a los nueve años, Duncan Hines me había ayudado a preparar un delicioso pastel de chocolate. Sabía que había quedado sabroso —pues me había comido un trocito que estaba pegado en el refractario —. El glaseado había formado hermosos picos —hasta que intenté decorarlo. En un principio, debía decir: "¡Feliz cumpleaños, Twink!", en colores amarillo, rojo y azul. Mi obra produjo que unos morados, verdes y anaranjados se mezclaran con los colores primarios en una masa de arte moderno. Cuando Becky trajo el pastel, yo anuncié: "¡Lo hice yo misma!"

Todo el mundo me cantó "Feliz cumpleaños". La alegría de todas las fiestas de cumpleaños que no tuve me brotó con una emoción de niña. Me cantaban porque me querían. Me celebraron en mi onomástico.

Nunca me había sentido tan valiosa como para que alguien me diese un regalo. Ahora, con toda esta atención, supe que mis verdaderas amigas habían invertido tiempo y dinero en mí. Con cuidado, tomé un regalo. "Abre el más grande primero", exclamó Patti.

¿Sabía ella que aquél era de mi esposo? Poco a poco, cada vez más maravillada, le quité el moño y la envoltura de papel con imágenes de muñecas. Quedé con los ojos cuadrados. "¡Una muñeca Betsy Wetsy!" Impaciente, saqué a la muñeca de la caja y entonces la abracé fuerte. "¡Mi propia muñeca!" No era suave, pero se podía abrazar muy bien. Era difícil soltarla. Mi yo adulto se impuso y yo supe que lo correcto era pasarla en ronda.

"No le des leche porque eso hará que apeste". Ruth arrugó la nariz y nos hizo hacer lo mismo a nueve de nosotras.

"Abre el mío ahora".

"No, el mío está justo aquí".

Cada regalo tenía una tarjeta de niños y una nota personal. La tarjeta que había en el paquete de etiquetas decía: "¡Porque te quiero! ¡Sé siempre como eres!"

La tarjeta de Becky decía: "Para una niña que ha crecido para ser la princesa preciosa de Dios". Después de que desenvolví la caja grande, encontré un regalo envuelto en papel más formal. Contenía una tiara de plástico plateado con un enorme zafiro de fantasía en el centro. Por el resto de la tarde, fui una princesa.

Cuando la fiesta estaba por terminar, cada niña sacó un recuerdo de la *caja de recuerdos* que estaba al centro de la mesa. Las figuritas eran como para niñas —o para mujeres que quieren recordar su niñez por una tarde—.

"Twink, eres una *nueveañera* fabulosa. Esto fue divertidísimo". Todas las *grannies* ("abuelitas") nos abrazamos.

Becky abrazó a la princesa. "Gracias por permitirnos desempeñar un papel en tu sanación. Estás radiante".

Aquel día maduró una parte olvidada de mí. El mensaje que los niños aprenden en sus fiestas de cumpleaños ahora es mío. Soy valiosa y digna de celebrar.

Twink DeWitt

LECCIÓN DE VIDA #1
CONSTRUYE AMISTADES DURADERAS

Como el relato anterior lo ilustra de modo maravilloso, en la vida todos necesitamos contar con personas con quienes compartir los buenos momentos y que nos ayuden a salir de las dificultades que, de manera inevitable, tenemos que enfrentar. Necesitamos personas en nuestra vida que compartan nuestros sueños, nos ayuden a dominar nuestros miedos, nos hagan reír y nos proporcionen un espacio seguro que podamos explorar para crecer. Necesitamos amigos que atesoren las raíces de la historia que hemos compartido con ellos y que, en épocas de duda, nos recuerden a nuestro mejor y más auténtico yo.

Cuando te acerques al final de tu vida, ¿cuáles crees que serán tus recuerdos más queridos? ¿Será él éxito que tuviste en tu trabajo? ¿La cantidad de dinero que tenías en el banco? ¿El tamaño de tu casa o tu auto? Lo más probable es que no. Lo que quieres es recordar y ser recordada por el amor que compartiste en tu vida. Quieres dejar este mundo con la conciencia de que has causado huella en otras personas y que te has permitido tener relaciones profundas y significativas. Quieres saber que hiciste una contribución y dejaste el mundo mejor de lo que lo conociste. Éstas son las cosas que en verdad importan.

Por desgracia, es fácil descuidar esta área fundamental de la vida. Con gran facilidad, puedes dejar que tus amigos caigan hasta el fondo de tu lista de asuntos *pendientes*. Te olvidas de las personas en quienes más confías. Como resultado, tu vida se vuelve más tensa y carente de la profundidad y riqueza que sólo las relaciones significativas pueden dar.

La creación de una red de apoyo es algo que requiere de bastante tiempo, pero es tiempo bien invertido. Aunque hay

Una amiga no se pone a dieta porque tú estés gorda. Una amiga nunca defiende a un esposo que le regala a su esposa una cacerola eléctrica para su cumpleaños. Una amiga te dirá que vio a tu ex novio convertido en sacerdote.

Erma Bombeck

Preguntas que conviene hacerse

- ¿Quiénes me hacen sentir valiosa y digna de celebrar?
- ¿Qué tipo de apoyo recibo de ellos?
- ¿Con quién hablo cuando estoy alterada?
- ¿Cuándo fue la última vez que me di tiempo para estar con las personas a quienes considero valiosas y dignas de celebrar?
- ¿Qué puedo hacer para apoyarlas?
- ¿Cuándo emprenderé estas acciones?

amistades que pueden resistir la falta de contacto, las relaciones más importantes requieren de tiempo y atención. Cultiva tus amistades. Así, cuando tú las necesites, estarán ahí.

Yo convierto a mis amigos en una prioridad y me esfuerzo por cultivar esas relaciones.

🍵 Las verdades tales como son

*Mis momentos más preciosos con una amiga no han sido cuando
río con ella —aunque esos momentos son muy buenos—, sino
cuando lloro en su presencia y veo cómo ella se acerca,
me escucha y me comprende.*

FRAN MORGAN

Hace años, *el grupo* significaba todo para mí. Ellas definieron mis ideas y conductas durante quince años. Entonces, perdí a mi esposo. Su muerte a los cuarenta y dos años fue lenta, a causa de una enfermedad cardiaca. Tras sobreponerme al más intenso sentimiento de horror, comenzó el doloroso paso de los días. Además de atender yo sola a mis dos hijitas, empezó a surgirme un extraño yo —una persona que, como las nubes, cambiaba—.

"¡Reponte o déjate caer y morir!", murmuré entre dientes, a lo que añadí: "¡Di siempre a los demás la cruda verdad!" En ese entonces solía tener mi versión de la verdad, la cual por desgracia adoptó la forma de un golpe de hacha, acompañada de otros actos extraños —incluido un yo muy extraño—.

El grupo me expulsó. No entendí por qué, pues las necesitaba desesperadamente. Lo que en verdad sucedió fue que yo era como una cáscara de nuez que ni siquiera se reconocía a sí misma. Aquello me rompió el corazón pues pensaba que ellas serían mis amigas para siempre. Peor aún, nunca hablamos o ventilamos el asunto, ni nos confrontamos unas con otras. Todo quedó en el aire. Yo quería saber algo, cualquier cosa. Ellas tan sólo ya no estaban. Aquello me dejó en lo interior un inmenso hoyo negro que persiste hasta hoy porque es algo que quedó inconcluso.

En aquella época vivía en la cuadra una chica llamada Linda, quien no era muy importante en mi vida y, por supuesto, no formaba parte del *grupo*. Tan sólo era alguien a quien yo parecía caerle muy bien, pero el grupo ocupaba un espacio tan enorme en mi corazón que la amistad de Linda no había logrado pasar de la etapa formativa.

Un día, ella vino a mi casa. No sé qué ocurrió, pero de repente empezamos a discutir acerca de cómo educar a nuestros cuatro críos. La discusión creció, se acaloró y se convirtió en un duelo de gritos hasta que estalló cuando ella mencionó que yo había abandonado *el grupo*. ¡Yo! Yo alcé una silla; ella alzó los puños. Yo le grité: "¡Sal de mi casa!"

Le dije que si no salía de mi casa, yo lo haría, y así lo hice. Acabé sentada en el piso de mi patio trasero. Me siguió hasta allá para tratar de hablar. Sin el menor control de mí, le grité. Al final, se fue.

El grupo me había abandonado y ahora Linda también lo hacía. Confundida, me hundí en una serie de torcidas y solitarias verdades —de las que yo, Isabel, estilo—, a las que esparcí sal para untarlas a placer en mis mojigatas heridas.

Una mañana, semanas después, luego de que nuestros hijos se habían ido a la escuela —siempre caminaban juntos y no habían tenido la más remota idea del altercado— sonó el timbre de la puerta. Era Linda. Cuando me asomé, corrió a la orilla de la acera. "¡No sé qué te ocurre!, ¡no te entiendo!", gritó con las manos en las caderas. "No puedo entender todos los cambios que tienes. Tampoco sé qué pasa conmigo, pero sé que te quiero, ¡te quiero en mi vida y no me daré por vencida!"

Yo sólo me quedé quieta, mirando a través de la cortina, estupefacta por sus palabras: "Te quiero".

Ella empezó a caminar rumbo a su casa. Yo abrí la puerta y, con cautela, entré a mi patio delantero.

"Espera", le dije.

Nos acercamos. Poco a poco.

"Tú abandonaste a tus amigas", afirmó con voz trémula. "Temo ser la próxima".

"¡Yo no las abandoné!", exclamé. "¡Ellas me abandonaron!"

Ahora, sentadas frente a frente en mi patio delantero, empezamos a decirnos nuestras verdades tales como son, con sinceridad pero con suavidad. Aquel día, nosotras plantamos los pies bien firmes en el camino de la amistad y nunca nos hemos vuelto a separar.

Con los años, he tenido amigos con quienes he pasado momentos maravillosos y momentos terribles, como con Linda. He tenido amigos que se han ido sin más. He tenido pleitos con amigos cercanos y me he alejado de otros porque a veces, no importa cuánto te esfuerces, ocurre. Pero cualquiera que sea el resultado, siempre ha sido un factor de crecimiento —y alivio— para ambas partes cuando puedes desenterrar y expresar las verdades. Algunas personas sencillamente no pueden soportar ese tipo de confrontación. El hecho de que algunas relaciones resistan eso es un verdadero milagro y un regalo que no tiene precio. Linda y yo celebramos ahora treinta años de amistad, la cual aún se fortalece día con día.

Aquel lejano día, aprendí tres cosas que se me han quedado grabadas: *1)* Todas las relaciones tienen conflictos, se ventilan y vuelven a funcionar. *2)* Las verdaderas amistades progresan porque permiten expresar las verdades tal como son y porque hay amor entre las partes. *3)* La verdad no peca, pero incomoda.

Hoy charlaba con una amiga cercana que cree haber perdido a alguien. Ella trató un par de veces de volver a echar a andar la relación, pero al parecer, fracasó. Le conté mi historia con Linda.

"Si la quieres en tu vida, toca su puerta", le aconsejé. "Dile que la quieres, que la extrañas y que no te darás por vencida". Y no te des por vencida.

Isabel Bearman Bucher

LECCIÓN DE VIDA #2
CULTIVA LA INTIMIDAD

Mucha gente tan sólo patina por la capa exterior de la vida y se relaciona a un nivel muy superficial. No experimenta la profundidad de conectarse con las personas, lo que sólo puede existir cuando una se toma el tiempo y revela la verdad de quién es a otro ser humano. La palabra *intimidad* proviene del latín *intimus,* que significa lo más interior, profundo o personal.

¿Has notado que, cuando te sientes confundida y hablas con una amiga que en verdad te escucha, acabas por sentirte no sólo más segura y aliviada sino más clara de pensamiento?

Oh, la comodidad, la inexpresable comodidad de sentirse segura con una persona, de no tener que sopesar pensamientos o medir palabras, sino desembucharlos de una vez, justo como son...

Dinah Maria Mulock Craik

Nada da más seguridad que el hecho de ser escuchado. Pero esto requiere tiempo. Una dieta regular de llamadas breves o citas apresuradas no basta. Tus amistades necesitan el lujo de una caminata a paso lento o una cena en calma. Necesitan un espacio en el que puedan relajarse y compartir.

Todo el mundo batalla para cuidar sus amistades. Culpa a su ajetreado horario; se olvida del valor de las personas más cercanas a una; descuida a sus amistades —parece demasiado complicado—. Y sin embargo, debes hacer el esfuerzo. Aunque hay relaciones que pueden sobrevivir a la falta de interacción, las relaciones más significativas requieren de tiempo, energía y atención. No importa dónde viva tu amigo o amiga, ya sea en la esquina de tu cuadra o del otro lado del país, tienes que hacer un esfuerzo para mantenerte en contacto. Por supuesto, existen esos casos raros en que pasan meses sin que hables con una amiga, y cuando por fin se ponen en contacto, parece que no hubiese pasado el tiempo. Pero ésa es la excepción. La mayor parte de la intimidad requiere del diálogo continuo. Con esto no queremos decir que tengas que hablar con tus amigos todos los días, pero por otro lado no puedes dejar pasar demasiado tiempo sin contactarlos y esperar mantener una verdadera amistad íntima.

La auténtica intimidad se da cuando hay esas conexiones con otras personas en que las puedes ver y ser vista, conocer y ser conocida; en las que se experimenta tanta confianza que las personas pueden revelarse en forma recíproca su ser más íntimo. A medida que cultives un mayor grado de intimidad en tus relaciones, tu vida se enriquecerá de manera inconmensurable.

Yo dedico tiempo a cultivar mis relaciones significativas
y a compartir mis pensamientos, sentimientos
y sueños más íntimos.

Saber de qué cuerda sujetarse

Poco después de enterarme de que tenía un extraño tipo de cáncer de mama, el cual iba a requerir de un año de agresivo tratamiento, decidí abandonar algunas de mis actividades.

Fui a la escuela de mi hijo para explicar a su maestra por qué ya no iría a ayudarla cada lunes por la mañana. Como me alteré al contarle sobre mi diagnóstico y los largos meses de tratamiento que me esperaban, me tomó de ambas manos, me las apretó fuerte y me contó la historia de su amiga Ann.

Un verano, Ann decidió ir a practicar "river rafting" (el descenso en balsa neumática por los rápidos de un río).

Todos los participantes tenían que aprender los procedimientos básicos y las medidas de seguridad. A medida que el instructor señalaba los peligros, Anne se asustó. ¿Qué ocurriría si su balsa se volcaba o estrellaba contra las rocas? ¿Qué tal si caía al agua turbulenta y la corriente la arrastraba antes de que alguien pudiese rescatarla?

El instructor dio una única respuesta a todas las preocupaciones de Ann: "Hay una cuerda atada a todo el perímetro de la balsa. Cualquier cosa que ocurra, aférrate a la cuerda. Nunca la sueltes. Tan sólo resiste". Sin embargo, algo sucedió... Una tormenta inesperada se desató. La balsa dio un vuelco, pero Ann recordó las palabras de su instructor. Se aferró a la cuerda y sobrevivió.

Miré a mi amiga con curiosidad por saber qué tenía que ver conmigo su relato. "Descubre de qué cuerda te puedes sujetar, Myra", aconsejó. "Y resiste. Sea lo que sea. Cualquier cosa que ocurra. Tan sólo aférrate a ella".

Me dio un abrazo, regresó a su salón de clase y me dejó con sus palabras en la mente. ¿Cuál era mi cuerda? ¿A qué me aferraría en los días por venir? ¿Qué me ayudaría a sobrevivir a mi peligroso viaje por el mundo desconocido de la quimioterapia, la radiación y la cirugía? No tardé demasiado en encontrar la respuesta. Mi cuerda sería mi amor por mi familia y mis amigos, quienes yo sabía que me apoyarían en cualquier situación que me deparara el destino.

A medida que mi tratamiento avanzaba, la cuerda solía estar a mi alcance. Fue entonces, durante mi quimioterapia cuando mi esposo me dijo: "Apóyate en mí. Aquí estaré para darte fortaleza. Si no puedes seguir, te sostendré hasta que estés lo bastante fuerte para continuar tú sola".

El día de mi cirugía, una querida amiga colgó en mi habitación del hospital una carpa de seda con el símbolo japonés del valor. El Día de las Madres, insegura de lo que pasaría, mi hija me dio un ópalo, el símbolo de la esperanza. Y fue una noche después de haber perdido el cabello, cuando encontré cincuenta centavos bajo mi almohada con una nota del "*ratoncito cabelludo*".

Hubo ocasiones durante ese año en que no congenié con las personas cuya cercanía y apoyo necesitaba con tanta desesperación. Discutí con mis hijos por rehusarse a asistir a un grupo de apoyo para familiares de pacientes con cáncer. Tuve diferencias con mi esposo sobre el manejo de ciertos asuntos domésticos.

En el pasado, yo había sido capaz de manejar con facilidad desacuerdos como estos, pero en esta época en particular no podía soportar los sentimientos de soledad y aislamiento que seguían a los pleitos. En esas ocasiones, sentía como si la cuerda se me resbalara de las manos y temí hundirme en aguas oscuras. Aquellos fueron los días más horribles de todos, pues sabía que no podría sobrevivir al tratamiento de un año yo sola. El amor y la risa de mi familia y amigos eran tan esenciales para mi supervivencia como la quimioterapia y los tratamientos con radiación.

Descubrí que Aristóteles tenía razón cuando dijo: "La amistad es una cosa indispensable para la vida, pues sin amigos nadie elegiría vivir aunque tuviese todos los demás beneficios".

Y durante todo el año me aferré. Me aferré cuando parecía que mi tumor no se había reducido como debía como resultado de la quimioterapia. Me aferré cuando un estudio óseo reveló un punto oscuro en una costilla que se asemejaba bastante a un cáncer de hueso. Me aferré como si mi vida dependiese de ello, y *así era*.

Sobreviví a mi viaje. Mi balsa, aunque golpeada por tormentas y corrientes turbulentas, aún está a flote. Y a menudo escucho en mi mente las palabras de mi amiga: "Descubre de qué cuerda te puedes sujetar, Myra". Así lo hice, y aún me aferro a ella.

Myra Shostak

LECCIÓN DE VIDA #3
VALORA A TUS AMIGAS

"Mis amigas son mi roca. Son salvavidas. Estaría perdida sin ellas". "Mis amigas me mantienen cuerda. Puedo hablar con ellas sobre lo que sea. Las puedo llamar en cualquier momento, de día o de noche, y ahí estarán".

Estos son algunos de los sentimientos que he escuchado de diversas mujeres —casadas, solteras, viudas o divorciadas—. Las amistades, sobre todo las femeninas, desempeñan un papel esencial en nuestra vida. A los hombres no les interesa demasiado el tener la oportunidad de pasar horas hablando sobre sus sentimientos más íntimos.

Los hombres suelen enfocarse en resolver problemas. Se sienten más a gusto en el mundo de las ideas y en situaciones cotidianas y prácticas. Hay una profundidad en la intimidad emocional que las mujeres experimentan con otras mujeres que rara vez existe en los hombres. A las mujeres les encanta explorar su paisaje interior —sin un orden definido ni resultados planeados—, es decir, simplemente escuchar y ser escuchadas.

A muchas mujeres se les facilita más compartir las complejidades de su vida emocional con amigas que con familiares o con la persona con quien comparten la cama. Aunque quizá a tu cónyuge, hijos o familia les interese que nunca cambies, tus amigas reafirman y apoyan tus esperanzas y sueños. Tus amigas son una caja de resonancia, un puerto seguro desde el que puedes explorar tus pensamientos y aspiraciones más salvajes y extravagantes.

A medida que comunicas las complejidades de tu vida a otra persona, no sólo cultivas la confianza sino que acabas por conocerte de una manera nueva. Tus amigas te proporcionan una perspectiva fresca de

> ### Alimento para el pensamiento
>
> Considera que la mejor manera de tener una amiga es ser una amiga. La próxima vez que pases un buen momento con tu mejor amiga, detente y nota cómo te sientes. Con frecuencia, los sentimientos que se experimentan son la comodidad, la relajación, el bienestar, la confianza y la alegría. Ahora trata de hacer sentir a otros de esa manera.
>
>

ti misma y del mundo. Promueven la expresión de diferentes facetas de tu personalidad. Extienden tu pensamiento y expanden a la persona que eres. A medida que compartes tus dificultades, inseguridades, éxitos y alegrías, empiezas a reconocer que no estás sola. Formas parte de una comunidad más grande de mujeres y saber esto es increíblemente reconfortante.

Tus amistades pueden tomar muchas formas. A veces se protegen unas a otras. A veces tú actúas como confidente y consejera. Otras eres la hermana que siempre deseaste tener. Y otras eres la perfecta compañera de juegos.

La profundidad de mis amistades depende, en buena medida, de cuán dispuesta a ser abierta esté y cuánto comparta de mí misma.

Herramienta básica: Reconectarse

Elige a cinco personas de quienes hayas dependido al enfrentar los mayores retos y experiencias de tu vida. Estas personas son tus anclas. Piensa en todas las cualidades, fortalezas y características que aprecias de estas personas. Durante los cinco próximos días, elige a una persona de tu lista y exprésale tu aprecio.

Si reconocer a esa persona en forma directa te resulta demasiado difícil, comienza por vaciar tus pensamientos en papel. Cualquier cosa que elijas, tómate el tiempo para decir "gracias". Asegúrate de mencionar cualidades que aprecies, momentos especiales que hayas compartido y contribuciones significativas que esa persona haya hecho a tu vida. Dile de qué manera su presencia en tu vida te ha enriquecido.

Otra forma de mostrar cuánto aprecias a alguien es realizar actos bondadosos al azar. Piensa en cinco cosas buenas que puedas hacer por las personas que amas en tu vida. Considera lo que cada persona disfruta y necesita, y qué le preocupa. Esto puede ser tan sencillo como llevarles un ramo de flores cuando salgan a comer, pasar a recoger a sus hijos a la escuela, ir a ponerle gasolina al auto de tu esposo para ahorrarle tiempo, retirar la nieve de la entrada de la casa de tus vecinos, llevar un poco de caldo de pollo a algún amigo enfermo o hacer una donación a alguna organización altruista en nombre de un amigo. Hay una infinidad de posibilidades. Comprométete con hacer cinco cosas pequeñas que hagan recordar a la gente que amas y cuánto significan para ti.

Imperdibles y carteros

¿Las cosas pequeñas? ¿Los momentos pequeños? No lo son.

JON KABAT

"¿Qué puedo hacer para ayudar?", preguntó Joel, mi hijo de diez años. La terrible noticia del 11 de septiembre de 2001 se difundió rápidamente —incluso a los oídos considerados demasiado jóvenes para entender—. Pero Joel entendió. Sabía que su nación estaba herida y que muchas vidas habían cambiado para siempre. Entendió que las personas nos necesitamos unas a otras de una manera que nunca antes había visto.

"En serio, mamá ¿qué puedo hacer? ¿Qué puedo hacer para ayudar a las familias, a los niños y a los adultos?"

"Puedes orar, Joel. Mira, orar es quizá la cosa más poderosa que puedes hacer".

"Mamá, ya he orado, ¡y más de una vez al día! ¡Quiero saber lo que *mis manos* pueden hacer para ayudar!"

Ahora mi mente estaba sobrecargada. No tenía idea de lo que un chico de diez años podría hacer para ayudar en esta situación, ¡y mucho menos cómo podría usar sus manos en ello! Añadí a mi lista de plegarias: "Una idea para que Joel pueda ayudar a las víctimas del 11 de septiembre".

Un día después, la idea llegó: "Joel, ¡aquí la tienes! ¿Recuerdas el prendedor de cruz bordado con cuentas que hiciste en el campamento hace dos semanas?"

"¿El que estaba hecho de imperdibles?"

"¡Sí! ¿Por qué no tratas de diseñar una bandera estadounidense? Ya sabes, al insertar cuentas rojas, blancas y azules en imperdibles, entonces quizá puedas recolectar donaciones para ayudar a las familias de las víctimas".

Fuimos a la mercería y compramos todos los paquetes de cuentas rojas, blancas y azules que pudimos encontrar. Buscamos y compramos imperdibles como si fuésemos a ir a cazar algún animal carroñero. *Diecisiete mil* imperdibles para ser exactos. Joel llamó a su proyecto "Las manos útiles", e incluso encontramos a algunos amigos dispuestos a ensamblar los imperdibles para la bandera. Entonces Joel hizo letreros que decían: "Mi regalo para ti cuando hagas una donación a la Cruz Roja". En semanas, Joel logró recolectar 5 mil dólares en donaciones.

Después de una labor tan abrumadora, las manos de Joel quedaron cansadas. Le dolían los dedos. Aún no se recuperaban de los piquetes accidentales con la punta de cada imperdible, cuando oyó una espantosa noticia: ¡un cartero había muerto por causa del ántrax!

De nuevo, las preguntas llegaron como si volasen: "Mamá, ¿qué es el ántrax? ¿Cómo llegó ahí? ¿No están asustados los carteros y las mujeres?"

Yo respondí cada pregunta lo mejor que pude. Pero entonces vino una para la cual no tuve respuesta: "Mamá, ¿cómo se llama nuestro cartero?"

Un nudo se formó en mi garganta al percatarme de que habíamos vivido en nuestra casa por diez años, ¡y yo no tenía idea de quién nos entregaba la correspondencia cada día!

"¿Crees que nuestro cartero esté asustado?", preguntó Joel.

La tarde siguiente, Joel se colocó junto a nuestro buzón, y cantaba para pasar el tiempo hasta que vio llegar un camión del servicio postal de los Estados Unidos. Con una sonrisa, se presentó con el cartero.

"Hola, soy Joel y vivo aquí".

"Mucho gusto, Joel. Yo me llamo Jimmy".

"¿Estás asustado?"

"¿Asustado?"

"¿Sí, por lo del ántrax?"

"Estamos trabajando como siempre, pero ahora somos muy cuidadosos. Gracias por preguntar," dijo Jimmy, y entonces se fue.

Escuché que la puerta se cerraba con ímpetu. "¡Mamá!", gritó Joel. "¡Se llama Jimmy!, ¡nuestro cartero se llama Jimmy!"

En cuestión de segundos, Joel me alcanzó en la cocina. "Quiero hacer más. Mamá, quiero hacer algo por Jimmy. ¿Cuántos amigos crees que tenga Jimmy en el servicio postal?"

"Quizá unos... ¿veinte?, supuse antes de tomar el teléfono y llamar a la oficina de correos. Doscientos cinco fue la cifra que me dijo el empleado. ¡Al parecer, Jimmy era bastante conocido y apreciado en la oficina de correos!

De nuevo Joel y yo fuimos a las mercerías para comprar cada una de las cuentas rojas, blancas y azules que encontráramos. Como había muy pocos imperdibles, llamamos a los fabricantes y se los compramos de manera directa. Joel volvió a colgar su letrero y *Las manos útiles* volvieron a entrar en acción.

Esta vez fue diferente. Joel ya no recolectaba donaciones. Hacía regalos edificantes —un prendedor de bandera para cada trabajador postal en la ciudad de Orange, California—. Después de concluir su tarea, Joel mecanografió una nota y la imprimió doscientas cinco veces.

"He hecho esta bandera para recordarte que las personas en nuestra ciudad aprecian el trabajo que haces por nosotros. Yo oro por ti mientras tú entregas mi correo. ¡Sé que Dios bendecirá a los Estados Unidos! Con aprecio, Joel".

Mientras Joel pegaba las notas a los prendedores de bandera, una amiga suya fue a verlo. "Hola, ¿puedo ayudarte?", preguntó ella.

"Sí. Has llegado justo a tiempo. Quiero que deposites esto en el buzón antes de que llegue el cartero".

Joel tomó una pluma y Allison añadió su nombre a las notas. Sentados lado a lado, trabajaron hasta hacer que cada prendedor incluyese una nota. Luego guardaron en una caja los doscientos cinco prendedores de bandera, les colocaron un moño y añadieron unas palabras que decían: "Para Jimmy y sus amigos". Colocaron el paquete en nuestro buzón y alzaron la banderita roja.

Al terminar su excelente labor, Joel y Allison se fueron a jugar.

Después, aquella misma tarde, recibí una llamada.

"Hola. ¿Es usted la mamá de Joel?", preguntó la voz.

"Sí".

"Pues debe sentirse muy orgullosa de su hijo. Soy el administrador de correos de Orange y me gustaría saber si mañana como a las 9:00 podría traer a Joel y Allison a la oficina de correos. Creo que sería grandioso si ellos mismos pudiesen entregar los prendedores a los carteros".

Y llegó la mañana siguiente. El administrador de correos dividió a los doscientos cinco empleados postales en tres grupos. Tres veces hablaron Joel y Allison frente a los carteros, les dieron ánimos y les entregaron sus prendedores.

Algunos de los empleados postales lloraron al recibir sus prendedores de manos de Joel y Allison. "Creo que es fantástico que ambos se hayan dado el tiempo para hacer esto y venir a hablar con nosotros," dijo un hombre mientras estrechaba la mano de Joel. Otros abrazaron a los chicos y les dijeron palabras de agradecimiento. Antes de concluir la mañana, Joel y Allison fueron nombrados carteros honorarios de Orange, California.

Con esta experiencia, Joel me enseñó varias lecciones. Aprendí que lo único que se requiere para ayudar a alguien es *un par de manos útiles y un corazón dispuesto*. Allison me recordó que cuando mis dedos estén lastimados será momento de llamar a un amigo. La vida de dos chicos de 10 años me ha dado la seguridad de que cada uno de nosotros puede hacer algo para ayudar a nuestra nación a sanar. Desde decir una oración por los difuntos hasta escribir una carta a un servidor público desconocido o unir cuentecillas de colores, todos estos regalos de tiempo y amor tienen un profundo efecto en quienes los reciben.

"En serio, mamá, ¿qué puedo hacer *yo*? ¿Qué pueden hacer *mis manos* para ayudar?", preguntaba Joel.

Estoy orgullosa de mi hijo por haber hecho algo que nunca cruzó por mi mente: Tomarse el tiempo para preocuparse por personas a quienes nunca había conocido.

Janet Lynn Mitchell

LECCIÓN DE VIDA #4:
INUNDA DE AMOR A LAS PERSONAS QUE AMAS

Es fácil que descuides a tus personas más cercanas. Supones que todos ellos son adivinos que de manera automática saben cuánto significan para ti y cuánto te importan. Bueno, sentimos mucho informarte que esto no es así o que, al menos, no deberías suponer que lo es. No puedes ignorar a tus amistades. Aunque ellas rara vez lo acepten, todas las personas anhelan el reconocimiento, algo que tiene una enorme demanda y una limitadísima existencia en nuestra ajetreada cultura.

Sin embargo, cuando viajas a la velocidad de la luz, es probable que olvides este detalle tan importante. La solución es ir más despacio y reconocer cuánto significan para ti las personas que te apoyan. Esto incluye a tus amigos cercanos, tus hijos, tu cónyuge

¿Para qué vivimos si no es para hacernos la vida menos difícil unos a otros?

George Eliot

o pareja, el vendedor del videoclub, tu cartero, la niñera y la maestra de tus hijos así como a tus familiares. Tan sólo imagina cuán distinto sería el mundo si te tomaras el tiempo para extenderles esta pequeña cortesía.

Tómate un momento para pensar: ¿Cuándo fue la última vez que reconociste que alguien importante para ti ha contribuido en tu vida? ¿Les has dicho cuánto aprecias su consideración, lealtad o apoyo? Si tú eres como la mayoría de nosotros, es probable que ahora debas hurgar en lo más profundo de tu mente para recordar la última vez que compartiste tus sentimientos de aprecio. La triste verdad es que rara vez lo hacemos, y especialmente menos con las personas que son las más cercanas a nosotros.

Quizá seas bastante buena para expresar tu frustración, irritación e insatisfacción, pero necesitas adquirir el hábito de hablar desde tu corazón y compartir también tus sentimientos de ternura. Tal vez te sientas un poco torpe al principio; sin embargo, cuando expresas tu aprecio, no sólo fortaleces el lazo que te une con esas personas, sino que sientas un precedente para futuros reconocimientos.

Preguntas que conviene hacerse

- ¿Quién trae alegría y amor a mi vida?
- ¿Quién me hace reír?
- ¿Cuál de mis amigos me permite ser honesta?
- ¿Quién me anima a conocer mi verdad más profunda?

Cuando adviertes todo el apoyo que tienes en tu vida, caes en la cuenta de cuán afortunada eres. A medida que te acostumbres a expresar tu aprecio, llegarás a hacerlo de manera automática y cambiará la calidad de tu vida.

Libremente reconozco y aprecio a todas las personas que apoyan y animan a la mujer en quien me estoy convirtiendo.

Lazos que unen

Había planeado tomarme unos días libres para arreglar algunos asuntos pendientes.

Lo que no había planeado era el lanzamiento de un nuevo producto dos días antes de mi boda. Siendo yo la directora de comunicaciones de la empresa donde trabajaba, mi presencia era imperativa. Por ello, cuando comenzó en mi casa la despedida de soltera, aún no tenía preparado lo que daríamos como recuerdo de boda.

Yo me había reunido con los familiares y amigos de mi esposo una sola vez, y ellos no conocían a mi familia. Fue una oportunidad para todos de conocernos antes del gran día. Pero ahí estaban los bulbos de tulipanes púrpura, los círculos de tul, los moños de satín y las cartas de agradecimiento en miniatura esperando formar parte ordenada de un todo. Miré los 150 paquetes para tratar de calcular cómo encontraría tiempo para tenerlos listos antes de la boda.

Calculé la noche que me esperaba. Si todas las invitadas se habían retirado para las 10:00 p.m., la preparación de los recuerdos me llevaría... ¡ay, hasta las 3:00 a.m.! "¡Qué horror!", suspiré, aunque sabía que era manejable. Podía hacerlo.

Durante la tarde, mis invitadas notaron mi tensión y me aguijonearon con preguntas, sobre todo: "¿Qué podemos hacer?" Como no suelo pedir ayuda, me costó trabajo confesar que aún no había hecho los recuerdos de la boda. Ellas insistieron en ayudar a pesar de mis protestas.

Las mujeres inspeccionaron las piezas de mi *proyecto* mientras yo les explicaba cómo cada bulbo necesitaba colocarse dentro de una mini taza chapada en metal, con dos capas de tul unidas alrededor y con una diminuta nota de agradecimiento atada con un delgado moño plateado.

No había calculado la destreza requerida para hacer la labor.

Un tulipán caído por ahí, un moño flojo por allá. El tul sesgado. Ante nuestra absoluta torpeza, pronto empezamos a reír como colegialas. Y estallamos en verdaderas tempestades de risa mientras tratábamos una y otra vez de atar los tulipanes. Al final, se nos ocurrió que si nos agrupábamos en parejas, una podía detener el tul mientras la otra ataba el pequeño moño.

Ajá. Al fin lográbamos algo.

Lo que me habría tomado una noche entera me llevó sólo un par de horas, incluidas la curva de aprendizaje y las bromas. De todos los recuerdos de boda preparados aquella noche, los más importantes fueron las nuevas amistades que creamos.

Nosotras unimos algo más que tulipanes. Unimos familias.

Pamela Gilchrist Corson

LECCIÓN DE VIDA #5
PIDE AYUDA

Ha llegado la hora de las confesiones. ¿Cuándo fue la última vez que pediste algo a alguien como ayuda, orientación, instrucciones, información? Las mujeres son expertas en encontrar soluciones para otras personas, pero a menudo se les dificulta pedir ayuda para ellas mismas. Debemos recordarte una vez más que no tienes que hacerlo todo; de hecho, no puedes. Pero lo más importante es que no tienes que probar nada a nadie.

Desde que nacen, a las mujeres se les enseña que no es correcto pedir. Suena ridículo cuando lo lees, pero detente por un minuto y observa en verdad qué sientes cuando le pides algo a otra persona. La mayoría de las mujeres se sienten inseguras de plantear y exponer sus necesidades.

Parte del problema es que temes escuchar un *no*. Esto es comprensible. A nadie le agrada el rechazo. Sin embargo, muchísimas mujeres caen en la trampa de pensar que si alguien se preocupa por ellas, esa persona especial debería saber lo que necesitan y dárselo. Y todo sin pedirlo. Eso suena fabuloso, pero esa manera de pensar no hará que las cosas se cumplan. Si te empeñas con obstinación en esperar que tus amigos y seres queridos te lean la mente, permanecerás en un constante estado de frustración, resentimiento y privación, lo cual acabará por dejarte insatisfecha.

Por ello, permítenos ofrecerte una alternativa a encargarte de todo o esperar a que todas las personas de tu círculo íntimo se conviertan en psíquicos. ¡Pide! Esa es la respuesta. Quizá sientas miedo, pero tienes que expresarte y empezar a pedir.

> *Pídelo y se te concederá; búscalo y lo encontrarás; llama a la puerta, y se te abrirá.*
>
> Mateo 7:7

Pide a tu esposo que lleve a los niños al parque para que puedas tener un poco de tiempo para ti. Pide un día libre en tu trabajo. Pide a tus niños que recojan sus juguetes. Cuando vayas al cine con una amiga y veas a una persona junto a un asiento vacío, pídele que se recorra para que tú y tu amiga puedan sentarse juntas. Pide a tu suegra que lleve su famoso asado a la cena del domingo. Pide, pide y pide.

Aunque no hay garantía de que otras personas cooperen con tus peticiones, al menos has expresado tus deseos para que se les tome en cuenta. Pide lo que quieras y necesites. Pídelo de manera cortés y directa. Te sorprenderá la frecuencia con que tendrás respuestas positivas. Pide apoyo. Pide ayuda. Pide información. Pero hagas lo que hagas, comienza a pedir.

De manera fácil y alegre pido lo que quiero y necesito.

☕ La línea blanca

A veces una experiencia nos cambia para siempre. La vida cae a la derecha o la izquierda de la línea blanca que pinta justo en el centro de tu vida.

Cuando yo tenía 39 años, mi esposo se sometió a un examen médico de rutina (prueba de la tinción) para averiguar la causa de sus dificultades para respirar y su indigestión estomacal. Nadie podía haber imaginado la gravedad de su enfermedad pues tenía sólo 42 años y era el joven padre de dos hijas, una de cinco años y una de nueve. Aquel examen le produjo un ataque cardiaco muy severo. Corrí por un pasillo de baldosas al lado de su camilla con ruedas mientras le iba gritando a su cara azulada para mantenerlo vivo. Estaba sentado y se apoyaba sobre un codo mientras luchaba por vivir y respirar. Nuestras manos se separaron y él desaparecía con cuatro médicos tras las puertas dobles de la sala de cirugía de urgencias. Cuando aquellas puertas se cerraron, experimenté el momento más solitario y desconsolado de mi vida.

LeRoy era un conocido y popular editor de la sección deportiva del periódico más importante de nuestro estado, de manera que los medios informaban a diario sobre su estado de salud. De un minuto a otro nadie sabía si sería capaz de sobrevivir. Aturdida, viví aquellos días como en cámara lenta mientras trataba de mantener cierta apariencia de orden en casa. Preparaba el almuerzo de las niñas, tendía las camas, me cepillaba los dientes y... quizá tomé algún baño.

Iba y venía del hospital, y para ejercitarme, subía siete tramos de escaleras hasta Terapia Intensiva, pero después me di cuenta de que aquélla era una especie de penitencia porque él estaba muy enfermo y yo estaba bien. Un día a la vez. Un pie frente al otro. Ciento cuarenta escalones. El amanecer. El anochecer. El teléfono no paraba de sonar y las cartas y tarjetas se acumulaban. La gente se congregaba en el hospital y en nuestra casa. Débil en extremo, LeRoy aún sufrió varios ataques cardíacos tras las nueve horas de cirugía. La mayoría de las mañanas, encontraba a personas frente a la puerta de mi casa, pegada a algún teléfono o sentada en mi patio delantero o mi pórtico. Los vecinos pasaban a pie desde la entrada de su casa y tan sólo saludaban con la mano o se la ponían en el corazón. Estos gestos fueron el principio del trazo de una pintura a la que llamé *La línea blanca*, la cual pasaba justo por en medio de mi alma, mi corazón y mi vida. La gente preguntaba qué podía hacer para ayudar y al principio les decía cualquier cosa. Un día al regresar a casa, encontré a todo el equipo de fútbol americano de la universidad en mi patio trasero en las labores de recoger con el rastrillo las hojas caídas del otoño, cortar con las tijeras el césped y meter en sacos el material inservible. Recuerdo de manera vaga que le había comentado al entrenador que mi patio era un desastre. Un grupo organizado de mujeres había recogido a mis hijas de la escuela, les había dado de comer, las había bañado, las había puesto a hacer la tarea y había asistido a sus eventos escolares, pues a veces las cosas iban tan mal que no me permitían salir del hospital. Cómo supieron lo que yo necesitaba es algo que nunca entendí. Un noviembre desolado y frío, regresé a casa y encontré a Lorraine, mi vecina de al lado, sentada en el sillón con nuestros dos perros sobre sus muslos.

"Están solos", dijo con una sonrisa mientras les acariciaba la cabeza. "Siempre todos se ocupan de las niñas, pero los perros están abandonados".

Hubo una horrible tarde en que LeRoy estuvo tan cerca de la muerte que apenas pude respirar por estar tan sintonizada con su enfermedad. En medio de la creciente y arremolinada multitud, Sally, una diminuta mujer de no más de cinco pies de estatura, se abrió paso hasta el asiento de la sala de espera del hospital y se sentó junto a mí. Ella no pronunció palabra, y sin embargo, llenó mi mundo con su inmensa presencia. Su ropa olía a haber sido recién secada y almidonada, y a un vago toque de galletas de canela. Buscó mis ojos con su mirada, pero fue su respiración regular y tranquila la que atrapó mi atención. Inhalación y exhalación. Adentro. Afuera. Pasé aquel día concentrada en el sube y baja del pecho de Sally. Para el anochecer, LeRoy se había estabilizado una vez más. Sus doctores dijeron que luchaba como un tigre con un no sé qué interior que era puro milagro.

Nancy venía a diario y cosía una albardilla de abecedario para la habitación de su recién nacida. La albardilla creció y tomó forma durante los largos días que ella me acompañó —veintiséis letras individuales se llenaron de enredaderas y flores, y se rodearon de cruces de color azul pálido—. El montón de cuadros creció a medida que los días pasaron. De alguna manera, su manera de coser —confiable, paciente y continua— me lanzaba una cuerda de salvavidas con cada movimiento. Como el sólo hecho de pensar en comida me daba náuseas, perdí más de veinte libras. J.D. llegó con una enorme canasta de fruta y colocó una hermosa pera amarilla en mi mano. Yo miré la fruta, y entonces, al descubrir que la quería más que cualquier otra cosa en ese momento, comencé a comerla con gusto y gula. Su jugo escurrió de mi boca y bajó por mi brazo hasta gotear desde el codo. Nunca había probado ni he vuelto a probar algo tan delicioso. A continuación me dio, gajo por gajo, una hermosa naranja, la cual peló, segmentó y desvenó con la cautela de un cirujano. Luego partió nueces bajo su zapato, les extrajo la semilla con todo cuidado y me las ofreció en mitades casi perfectas. Me dio en la boca grandes uvas rojas; con su pañuelo blanco y firme me limpió las manos y la cara. Al mirar sus ojos bondadosos, felices de que su regalo fuese tan adecuado, reí de repente. Además de aquella fruta, que en aquel momento nutría hasta el último de mis vasos capilares, sus actos tan sencillos me reconfortaban como si estuviese recostada sobre un fresco río.

No podría, no lo haría. Me daba terror llorar porque pensaba que si lo hacía, de alguna manera mis lágrimas se derramarían en la toalla y eso simbolizaría el anuncio de la muerte de LeRoy y mi fortaleza. Además, ¿qué harían las niñas si yo me desplomaba? A la mitad de mi calle, conté las novedades del día a mi vecina. La cara de Alice experimentó el "big bang" (estallido universal), pues sus pecas formaban constelaciones por todo su rostro. Sus grandes ojos azules se inundaron, y vi cómo se acumulaba el agua y caía en cascadas por esas mejillas estelares. Sus sencillas lágrimas lavaron una parte de mí aquel día, pues fui capaz de abrazarla y consolarla porque se veía muy descompuesta —tuve la fuerza para reconfortar a Alice—.

"¡Vine vestida toda de rojo!", anunció una colega maestra pocos días después. Cuando llegó, yo acababa de pasar una noche en extremo difícil en el hospital. Incapaz de sacar fuerzas para vestirme, me envolví en el viejo albornoz azul de LeRoy, y me veía tan mal que a ella se le entrecortó la respiración, pero luego me extendió sus brazos. Caí en esas delgadas y viejas ramas y ella me sostuvo mientras las lágrimas, a las que me había aferrado en no dejar salir con tanta desesperación, rompieron la compuerta. Cayeron por sus estrechos hombros carmesí y fueron a dar al piso de baldosas. De alguna manera, aquel frágil peldaño me dio ánimos para levantarme y, ¡oh Dios!, tan sólo me dejé querer.

Una tarde, poco antes de la Navidad, Toni llegó al hospital con el labio inferior inflamado, pero también con velas, cubiertos, una vajilla de porcelana, una botella camuflada de vino blanco espumoso —la última que atesoraba de su viaje a Italia— y una sopa minestrone hecha en casa. Había arrancado una rosa del jardín de no sé quién desde la ventana de la sala, pero con los dientes. También había llamado a todas las mujeres importantes en mi vida y ahora nos congregábamos en círculo mientras ella instalaba una mesa de centro en la sala de espera, digna de una reina. Aquella noche, en el séptimo piso del Hospital Presbiteriano de Nuevo México en Alburquerque, cualquier paciente que fuese despertado por enfermeras, visitas familiares o personas circunstantes —siempre empujando sillas de ruedas o atriles de soluciones—, se asomaba a nuestra reunión y sonreía, aplaudía y saludaba con la mano. La acción de Toni y nuestra reunión alegró los espíritus de todo el piso, incluido el mío. Después, cerramos aún más el círculo y cantamos "*Home on the Range*" (la canción del estado de Kansas) con todo lo que nos viniese en mente, lo cual inició un jubileo cantado en todo el piso.

LeRoy nunca volvió a casa. Su corazón, arruinado, no logró sanar pese a la heroica batalla que dieron él y sus doctores. Dos meses después de su operación, dejó este mundo al anochecer, la primera noche del Hanukkah, el 18 de diciembre de 1976, tras decir "*shalom*" a su rabino.

Mientras que sus gastos sobrepasaron los 100 mil dólares, nuestro saldo bancario era de 84.32 dólares pues, aunque LeRoy era un periodista muy conocido, su sueldo nunca correspondió a su renombre. Y pasaron los meses. Las deudas se saldaron debido a que, por algún milagro, el periódico había instituido un seguro de vida y gastos médicos para sus empleados dos semanas antes de la cirugía. El hospital se hizo cargo del deducible. Yo empecé la labor de reconstruir nuestra vida totalmente libre de deudas. La prestación de incapacidad laboral por viudez me permitió permanecer en casa con las niñas.

Pasó un año para que pudiese ver la humanidad de aquel tiempo. Durante las incontables y dolorosas noches, con mis perros en los muslos, permanecía sentada hasta muy tarde mientras repasaba en mi mente las oscuras y terribles horas de aquel tiempo. Sólo era capaz escuchar las canciones de Judy Collins. Entonces, algo empezó a llegar a mí —caras, ojos, personas... y todos empezaron a caminar por la niebla de mi conciencia—. Empecé a recordar toda su caridad y compasión —todos sus actos sencillos de bondad y amor—. Fue entonces cuando la línea blanca apareció, con toda su realidad y bondad, enfrente y a través de mí.

Han pasado muchos años desde que murió LeRoy. Las niñas se han convertido en jóvenes hermosas y vitales. Yo me volví a casar y vivo muy feliz. Pero aprendí algo: en este mundo, el bien es más fuerte que el mal; el amor es más fuerte que el odio; y en algún lugar y de alguna manera, como una flor hermosa, la magnificencia del alma humana individual sobrevive a los peores momentos. En medio de las guerras y las masacres, se planta, crece y florece una y otra vez. Deambula por el humo de la tristeza y sostiene una brocha resplandeciente, llena de pintura blanca. Esto me ha dado un consuelo permanente.

A todos aquellos que me acompañaron durante aquellas terribles horas... agradezco su bondad en momentos de reflexión y gratitud por mi vida y todo lo que hay en ella.

Gracias, de todo corazón. Ustedes cambiaron mi vida y me convirtieron en pintora, como lo son todos ustedes.

Isabel Bearman Bucher

Lección de vida #6:
Crea una comunidad solidaria

Una comunidad es un conjunto de personas asociadas con un propósito en común. La comunidad es una parte esencial de la vida. Da un significado a tu vida. Te hace un ser completo. Te brinda un sentido de pertenencia. La comunidad te reta a ser auténtica, a compartir las verdades más profundas de tu ser. Te enseña cómo amar y ser amada, cómo cuidar y ser cuidada. Proporciona un puerto seguro en el a menudo tormentoso mar de la vida. Una comunidad afectuosa y solidaria es ingrediente esencial de una vida rica y satisfactoria.

Quizá tu comunidad tome muchas formas y tenga varios niveles de conexión. Aunque tú no compartirías tus pensamientos y sentimientos más íntimos con cada individuo de tu comunidad personal, todos ellos forman parte de tu red de apoyo. Las comunidades existen en círculos concéntricos que empiezan con las personas con quienes guardas una conexión más íntima y continúa con relaciones como las profesionales, vecinales, de colegas, de correligionarios, la niñera de tus hijos, los padres de los amigos de tus hijos, sus maestros, etcétera.

Otro nivel abarca a tu cartero, tendero, médico, dentista, masajista, entrenador personal, estilista, contador y mecánico. En mayor o menor grado,

> *Sin un sentido de solidaridad, no puede haber sentido de comunidad.*
>
> *Anthony J. D'Angelo*

todas estas personas forman parte de tu comunidad más amplia. Valóralos a todos.

Yo me hago rodear de personas afectuosas y solidarias que me ayudan a vivir la vida que debo vivir.

Herramienta básica: Tu equipo de apoyo

Crea una galería o collage fotográfico que incluya a todas las personas que te dan ánimo y estabilidad, los individuos que te apoyan y alientan.

Pueden ser tus familiares, amigos, colegas, maestros, entrenadores o líderes religiosos. Quizá incluso se trate de personas a quienes nunca has conocido pero que te han inspirado, como filósofos, poetas, activistas sociales, artistas o atletas.

Además de la galería fotográfica, haz la prueba de rodearte de recordatorios que reafirmen quién eres en realidad, sucesos que te recuerden los retos que has enfrentado, las metas que has alcanzado y las experiencias que han enriquecido tu vida. Ésta es una manera de tener siempre presentes, sobre todo en momentos de duda, todos los recursos que tienes a tu disposición.

El toque final

¿En qué estado se encuentra tu red de apoyo?

Ahora que sabes cuán importante es tener un sistema de apoyo sólido, evalúa la extensión y solidez de tu red.

Pregúntate:

¿Hay huecos en mi sistema de apoyo extendido?

Si es así, ¿qué puedo hacer para empezar a llenarlos?

Si acaso falta alguien en mi lista, ¿quién es?

Si acaso he perdido contacto con algunas personas, ¿con quiénes me gustaría recuperarlo?

De las personas a quienes nunca me he acercado, ¿a quiénes podría acercarme ahora?

¿Qué tipos de relación fortalecerían mi sentido de comunidad?

Una vez que has descubierto lo que falta en tu comunidad de apoyo, puedes empezar a atraer a espíritus afines. Utiliza los *Ingredientes Esenciales* que has visto en este libro y en tu vida para construir la comunidad de apoyo que necesites para hacer realidad tus sueños y vivir la vida que mereces.

HAZ QUE TU PASIÓN SE VUELVA REALIDAD

Es deber del alma ser fiel a sus propios deseos. Debe entregarse por completo a su pasión suprema.

Rebecca West

Me voy con el circo

Escucha la pasión de tu alma, libera las alas de tu espíritu; no permitas que canción alguna quede sin cantarse.

Sylvana Rossetti

Desde que tenía cinco años, ya sabía justo lo que quería hacer con mi vida. Cada año, mis padres me llevaban al circo. Quedaba encantada con el acto de los trapecistas. Cuando llegaba la hora de marcharnos, siempre sentía la aguda decepción de sólo poder mirar sin participar en ello. Yo soñaba con unirme a un acto de trapecistas voladores y viajar con el circo —¡algo notable en una chica que no tuvo la suerte de nacer en una familia circense y era demasiado tímida como para hablar con desconocidos!—.

Cuando cumplí ocho años, mis sueños se derrumbaron. El presentador del circo anunció que el chico que se presentaría en el acto de trapecistas tenía sólo seis años. Aquella noche, salí del circo casi en llanto ¡por ser demasiado vieja! Sin embargo, aunque el tiempo pasaba, nunca logré olvidar mi deseo de "huir y unirme al circo".

Quizá el espíritu viajero me viene de familia. Yo recordaba las maravillosas historias de mi padre acerca de los días, mucho antes de mi nacimiento, en que viajaba por todo el país para presentar sus propios espectáculos. Su pasión: ¡la magia! Recuerdo que hojeaba sus álbumes de recuerdos y encontraba, doblados con todo cuidado, recortes de periódico provenientes de todo el país.

Durante mi último año en el colegio universitario, una conversación incidental alimentó las llamas de mi sueño de infancia. Todo empezó una cálida noche de agosto, cuando una mujer de mi equipo de paracaidismo me preguntó si me gustaría mecerme un poco en el trapecio del YMCA de la localidad. Era la primera vez que iba a aquel gimnasio. Al entrar, un temblor de emoción hizo que el aliento se me quedara en la garganta. Muda de emoción, miré cómo cada trapecista trepaba cada vez más alto hasta llegar a un pequeño *pedestal* de madera, entonces tomaba el trapecio y volaba sobre una enorme red.

Con mis decorosas ciento tres libras de peso (47 kg), subí con facilidad por aquella escalera provisional. Al llegar al pedestal mi confianza vaciló, pero un trapecista experimentado se colocó atrás de mí para ayudarme.

"Te tengo", dijo Manny tras poner una mano alrededor de mi cintura. "Extiende ambas manos y toma el trapecio cuando se meza hacia ti".

Cuando el trapecio se meció hacia arriba, me solté de los cables laterales y cerré mis dedos alrededor de la cinta blanca. Con calma, Manny me alzó. Yo me mecí lejos de él. El corazón me martillaba y la adrenalina me inundaba. Tras mecerme hacia delante y hacia atrás cuatro o cinco veces, me solté y caí en la red. ¡Aquello me atrapó!

Cuando, entusiasmada, conté a mis amigos acerca de esta experiencia única, todos hicieron la misma pregunta: "¿Cuándo vas a huir y unirte al circo?" Con un suspiro melancólico, mi respuesta nunca variaba: "Soy demasiado vieja para hacerlo". Aun así, mi razón para vivir eran las noches en que los trapecistas usaban el gimnasio por dos preciosas horas.

En aquel gimnasio, yo conocí a Gary, mi futuro esposo. Semanas más tarde, hablamos con un trapecista que había actuado para Ringling Bros. Preguntamos a Bob si acaso había alguna manera en que pudiésemos entrar a ese circo como trapecistas. Dos semanas después, él sacó de repente un cuadernillo de espiral y se acercó Gary. Yo me asomé.

"Si pueden aprender todos los trucos para Navidad", decía Bob, "puedo conseguir que la siguiente temporada ambos participen con un acto en mi equipo de prueba". Un equipo de prueba es una diminuta instalación de trapecio de 14 pies de altura que se sostiene sola. Gary y yo nos miramos, atónitos. Entonces, sin dudarlo un segundo, ambos dijimos, "¡sí!"

Y para Navidad logramos nuestro objetivo. Bob dedicó muchas horas a enseñarnos cómo combinar los enganches del salto de paso y los demás trucos que habíamos aprendido para usarlos en el acto que habían creado él y su ex esposa. Nuestras sesiones de práctica diarias en el mini trapecio causaron curiosidad en Irene, la vecina contigua de Bob, y de los tres pequeños a quienes cuidaba como niñera. Una semana antes de que partiésemos hacia nuestra primera presentación en Mesquite, Texas, Bob los invitó a ver un ensayo con vestuario.

Los vi entrar en el patio y sentarse a un lado de la instalación, emocionados. ¡Nuestro primer público! La verdadera prueba había llegado. ¿Superaríamos el reto? ¿Podríamos entretener a los tres pequeños durante siete minutos completos?

Gary y yo usamos un vestuario recién hecho. El cálido día de verano arrojó una tranquilizante luz solar y una brisa ligera y fresca. Mientras calentábamos, empezaron a formarse unas nubes que parecían hechas de algodón flácido y que, más tarde, nos brindaron un brillante espectáculo de luces.

Nos encantaba la idea de actuar ante algo más que un patio silencioso de césped crecido. Gary lucía como un auténtico payaso tonto, ataviado con *bloomers* (ropa de mujer) de círculos rojos bajo sus pantalones bombachos de *payaso*. Cuando hizo su primera caída de sentón, ¡la risa de los niños nos distrajo tanto que casi olvidamos lo que seguía! En teoría, sabíamos que a los niños les gusta lo cómico, pero tuvimos que actuar ante niños reales para plantar esa idea en nuestro corazón. Después de que bajé del trapecio, Gary simuló con pantomima que me atrapaba. Pero cuando en vez de eso, él saltó a mis brazos, los chicos no pudieron parar de reír.

Tras hacer las reverencias de despedida, Gary me miró con una sonrisa graciosa. Ambos supimos que acabábamos de pasar por la prueba más difícil de todas y la habíamos superado con ropa de payasos trapecistas. Nuestros críticos más severos habían reído a más no poder. Y ahora prepárate, Texas, ¡porque allá vamos!

En nuestro debut, nerviosa, me asomé desde las cortinas tras el escenario para ver cómo era nuestro público infantil. En el estómago, ¡sentía como mariposas moviéndose! Entonces, entre el público ubiqué a una pequeña que me recordó a Katy, uno de los críos a quienes cuidaba Irene. Al recordar la emoción que habíamos sentido al actuar ante los tres niños, una luz se encendió en mí. ¡Puedo hacerlo!

"Y ahora" retumbó la voz de Bob por el micrófono, "desde Denver, Colorado, ¡prepárense para las cosquilleantes suertes en el trapecio de bajo vuelo con Grinn y Barret!"

Aquel fue el inicio de una de las ocupaciones más emocionantes de nuestra vida. El acto salió a la perfección. ¡Y qué niños tan encantadores y bulliciosos! Para el momento en que a Gary se le cayeron los pantalones de payaso y revelaron un traje idéntico de color turquesa, los adultos empezaron a reír tan fuerte como los niños. Al concluir el acto, recibimos un retumbante aplauso y nos escabullimos por entre las cortinas.

"¡Lo logramos!", dije.

"¡Qué público tan maravilloso!", añadió Gary.

Miré el reloj del elevador de vidrio del centro comercial. "Tan sólo piénsalo. ¡En dos horas y 45 minutos tendremos que repetir todo esto!" Así comenzó nuestra vida itinerante con TNT y el Royal Olympic Circus —un pequeño espectáculo que se representaba en centros comerciales por todo el medio oeste del país—.

Al despertar a la mañana siguiente, exclamé: "La gente no debe estar así de feliz cuando crece, ¿o sí?". Con un futuro deslumbrante ante mí, pronto salí de la cama para recibir el nuevo día.

Vickie Baker

LECCIÓN DE VIDA #1:
DESCUBRE TU VERDADERA PASIÓN

La pasión verdadera es la emoción que sientes cuando has descubierto lo que amas. Cuando te involucras en algo con pasión, estás ciento por ciento presente. Estás viva y enfocada. Pierdes la noción de tus alrededores, te olvidas de ti misma, tus conflictos, tu vida cotidiana. Te conectas con algo más grande que tú, algo mágico, algo sagrado.

Una pasión auténtica puede ser cualquier cosa, desde tocar el piano, tomar clases de patinaje artístico, visitar las tiendas de antigüedades, hacer circular una petición para una iniciativa de bono escolar, crear un arreglo floral, probar una nueva receta de alta cocina, tomar clases de pintura en acuarela u ofrecerte como voluntaria para leer relatos a los niños en la

No necesitas tiempo infinito ni condiciones perfectas. Hazlo ahora. Hazlo hoy. Hazlo por veinte minutos y ve cómo tu corazón empieza a latir.

Barbara Sher

biblioteca de tu localidad. Las posibilidades son infinitas. No importa lo que hagas siempre y cuando lo realices con pasión y lo vuelvas realidad.

Si quieres crear una vida que puedas amar y vivir con plenitud, tienes que poner la pasión en el centro de tu existencia. La auténtica pasión está libre de ataduras temporales, por lo cual, vigoriza de manera consistente tu vida. Es un tipo de pasión que te nutre y sostiene, una pasión que alimentará tu alma.

La auténtica pasión se ha convertido en una parte regular de mi vida cotidiana.

☕ Aferrarse a los sueños

Vengan a la orilla, dijo la vida.
Ellos respondieron: Tenemos miedo.
Vengan a la orilla, dijo la vida.
Ellos fueron. Ella los impulsó...
Y ellos volaron.

GUILLAUME APOLLINAIRE

La lluvia choca contra las ventanas del salón de clases y los estallidos de los truenos retumban desde una capa de nubes de tormenta. Los pinos sacudidos por el viento rozan el vidrio. Si acaso estudiamos los verbos y adjetivos, la atención de mis alumnos se clava en la tormentosa escena enmarcada por la ventana. Pero llega la hora del recreo al interior del recinto, mucho más emocionante que la gramática, y los montones de chicos de quinto grado se sientan en el suelo y juegan, indiferentes a las fuerzas de la naturaleza e interesados sólo en sus compañeros de juego.

Mientras anoto la tarea en el pizarrón, escucho fragmentos de la conversación de un grupo de chicas que inventan un juego llamado *vida*. Su juego las ha llevado a una discusión sobre lo que quieren hacer cuando crezcan. Muy segura, Blaine anuncia que será bailarina o jugadora de *softball*. "Aunque mi primera opción es el *softball*," añade. Carolyn quiere amaestrar animales para las películas, y Camille y Ashley están seguras de que serán estrellas del fútbol de fama mundial. Al notar que mi pie está sobre el dobladillo de su falda, Ashley pregunta: "Señora Ross, ¿siempre quiso usted ser maestra?"

A propósito, dejo caer el borrador y me agacho para recogerlo, todo para darme tiempo de pensar en una respuesta. A veces pienso que soy una maestra nata. Sobre todo cuando subo al ático y miro el oscuro rincón donde un montón de cajas guardan años de mi vida en forma de materiales didácticos para grados escolares en los que solía dar clase.

Al levantarme, con el borrador en la mano, respondo: "Bueno, no. En realidad, yo quería ser actriz". Esto produjo risas en aquellas chicas de once años, quienes probablemente me veían como una mezcla entre su abuela y su guardiana diurna. Pero es una respuesta cómoda. Después de todo, en la actualidad, ¿qué niña de once años no envidia la vida tan glamorosa de actrices como Drew Barrimore, Cameron Díaz o Jennifer López?

Estas niñas morirían de risa si supiesen que, a su edad, yo adoraba a Annette Funicello, la ratoncita del club de Mickey Mouse, y anhelaba tomar su lugar al besar a Frankie Avalon frente a cámaras rodantes en un escenario de fiesta playera.

Pronto mis alumnas reiniciaron su juego y yo las salté para llegar a mi escritorio y tener unos minutos de paz para hurgar en mis recuerdos. Me sentí un poco culpable pues no fui del todo sincera. Pero, ¿cómo se puede decir a unas chicas educadas en un mundo de mujeres atletas, políticas, astronautas y pilotos de guerra profesionales que la mayor aspiración que su maestra tenía para su futuro era ser la Primera Dama? Y no cualquier Primera Dama, sino una como Jacqueline Kennedy.

Recuerdo que estuve pegada al televisor para ver su recorrido por la Casa Blanca recién restaurada y captar cada palabra de su airosa voz sazonada con aquel acento bostoniano. Examinaba los periódicos, y no para enterarme de las noticias internacionales, sino para encontrar fotografías suyas en que lucía vestidos franceses, trajes pastel, brillantes vestidos de verano, enormes gafas oscuras y perlas blancas. Leía acerca de sus viajes triunfales por Europa, donde deslumbraba a dignatarios con su porte, estilo y calidez, así como de los opulentos banquetes oficiales que presidía en la Casa Blanca. Todo lo que se publicaba sobre ella se convirtió en forraje para un álbum de recortes que creció hasta alcanzar dimensiones descomunales.

Las aspiraciones por alcanzar su elegancia y encanto me inspiraron para tomar un taller de belleza que ofrecía la revista *Seventeen*, donde, con impaciencia, intenté caminar mientras equilibraba un libro sobre mi cabeza y sentarme sin cruzar las piernas por las rodillas. Estudié una lengua extranjera en la preparatoria, y no como un requisito para graduarme, sino para inspirar admiración y respeto como preparación para mi propia futura incursión en la política, como candidata a Primera Dama. Sin embargo, a diferencia del hermoso dominio que mi admirada Jacqueline tenía del francés, me topé con palabras y verbos de extrañas sonoridades y conjugaciones, y reprobé la materia de penosa manera.

Mi álbum de recortes se llenó rápido y debió traspasarse a una carpeta de expedientes, el cual manché con mis lágrimas cuando el esposo de Jacqueline murió. No conforme con recortar fotos y artículos, guardé secciones enteras de periódicos y revistas para recordar aquellos últimos y oscuros días de un periodo presidencial al que los diarios habían empezado a llamar Camelot.

Mientras me siento en mi escritorio y veo cómo los riachuelos de lluvia rayan las ventanas, me doy cuenta de que no puedo recordar cuándo dejé de añadir cosas a mi colección de recortes. Quizá fue cuando Jackie se casó con su millonario griego y pensé que me había abandonado. O quizá ocurrió durante mi segundo año de preparatoria, cuando un pequeño papel en la obra *Más barato por docena* revivió mis antiguos anhelos de reflectores y gloria histriónica.

Un alumno hambriento interrumpe mis pensamientos para anunciar que son las 12:30 hrs., lo cual indica a mis clamorosos estudiantes que dejen sus juegos y se formen para ir a la cafetería. Los pensamientos sobre mi futuro como Primera Dama quedan olvidados para cuando salimos en fila por la puerta y esperamos llegar a la hilera del almuerzo antes que los de cuarto grado.

No es sino en la noche de aquel día cuando los trastes ya están lavados y mi esposo, que nunca tuvo aspiración presidencial alguna, ve la televisión, que empiezo a pensar sobre mis cuadernos de recortes, carpetas de archivos y sueños de ser la Primera Dama. Hoy me parece algo tonto. ¿Por qué no soñé con ser presidenta? Pienso en mis alumnas que jugaban *vida* y recuerdo el entusiasmo en su voz cuando hablaban sobre sus sueños para el futuro. Y caigo en la cuenta de que, tontos o no, los sueños son importantes. Sin ellos, las niñas no crecerían para convertirse en estrellas del fútbol, ingenieras químicas, entrenadoras caninas, actrices, e incluso maestras. No viajarían por el espacio ni defenderían a nuestro país en tierras extranjeras ni nos representarían en el gobierno.

Como ocurre con todos los niños que han tenido alguna aspiración, algunos se aferrarán a sus sueños y los harán realidad, y otros no. Pero muchos de sus sueños cambiarán. Así ocurrió con el mío. Tras guardar para siempre mi álbum de recortes y fracasar como actriz, encontré un nuevo sueño. Soñé con ser maestra, justo como mi madre.

De repente tengo el fuerte deseo de volver a abrir aquel álbum de recortes, así que subo las escaleras y pongo el armario de cabeza. Ahí, detrás de una vieja sombrerera de cartón negra con el logotipo del taller de belleza de la revista *Seventeen*, veo una caja de almacenaje que recuerdo haber llenado con álbumes y cartas hace trece años, cuando nos mudamos a esta casa.

Después de abrir la tapa, lo primero que veo son los oscuros ojos y la suave sonrisa de Jacqueline Kennedy Onassis, quien me observa desde la portada del número del 30 de mayo de 1994 de la revista *Newsweek*, la primera semana posterior a su muerte. Debajo está mi álbum de recortes. Cuando lo abro, la cinta transparente, que una vez pegó los artículos y fotografías a las páginas negras, cae en pedazos duros y rectangulares sobre mis muslos y unas quebradizas y amarillentas hojas de papel periódico se deslizan hacia el centro de álbum.

Mientras recojo las pilas de papel, veo que las palabras e imágenes están tan claras como mis recuerdos de la joven que soñaba con ser Jacqueline Kennedy y que llevaba un vestido de noche y bajaba por las escaleras de la Casa Blanca para saludar a sus invitados. Y, sólo por un momento, escucho el crujir del satín y las sutiles melodías de la *Marcha Presidencial*.

Kris Hamm Ross

LECCIÓN DE VIDA #2
SUEÑA UN PEQUEÑO SUEÑO

¿Has tenido la experiencia de estar tan concentrada en una actividad que el tiempo pasa sin que siquiera lo notes? Recuerda tu vida antes de la adolescencia. ¿Qué es lo que más te gustaba hacer? ¿Montar a caballo? ¿Tomar clases de actuación o poesía? ¿Te agradaba jugar *softball* o escalar árboles? ¿Coleccionabas monedas, estampas o postales de lugares lejanos? ¿Andabas en patines o en bicicleta con tus amigas? ¿Qué te gustaba hacer?

Debes perseguir tu deseo. Tan pronto como empiezas a luchar por tu sueño, tu vida despierta y todo adquiere sentido.

Barbara Sher

¿Qué ocurrió con la pasión que una vez sentiste? ¿Adónde se fue? Para muchas mujeres, quedó enterrada bajo el peso de la adolescencia mientras trataban de encajar en lo que se consideraba *femenino*. Para ser aceptadas por la sociedad, muchas de ellas sacrificaron su creatividad, espontaneidad, pasión, entusiasmo y seguridad propia al dios de la conformidad. En otras palabras, se autoinmolaron. Bueno, es hora de que recuperes tu yo apasionado y le devuelvas el lugar que debe tener en tu vida.

Aunque cada mujer redescubrirá su pasión a su modo, hay algo que todas tienen en común —su ser apasionado espera con ansia que lo vuelvan a invitar a la vida—.

Yo acepto mi pasión y ella ocupa un lugar central en mi vida.

Preguntas que conviene hacerse

· ¿Qué necesito hacer para alimentar las llamas de mi pasión?
· ¿Qué puedo hacer para poner la pasión en el centro de mi existencia?

Herramienta básica: Tu yo de nueve años

Permítete regresar a la época en que tenías entre siete y nueve años de edad y recuerda las cosas que te encantaba hacer. Enlista al menos cinco actividades que te apasionaban. Debe tratarse de cinco cosas a las que te entregabas tanto que perdías conciencia del tiempo. Estas actividades proporcionan una pista de lo que hoy puede alimentar tu alma. Aunque quizá ahora tus intereses hayan cambiado, lo que ayer te entusiasmaba encierra el germen de cómo volver a traer la pasión a tu vida.

☕ Salta hacia la vida

Un día, mientras me encontraba en una junta con varios ejecutivos, hombres todos ellos, y observaba sus maniobras para desacreditarse brutalmente unos a otros, una voz interior me susurró: "Corre". Sacudí la cabeza y trataba de entender qué acababa de ocurrir. Con súbita claridad me di cuenta de que ya no quería ser parte de la jungla de alto-estrés y alta-tecnología de Silicon Valley.

Acababa de cumplir 50 años. ¿Qué quería hacer? No tenía idea.

Más tarde, en aquel mismo mes, visité a mi madre en Idaho para asistir a un evento que ella llama *Jacintos para el alma*. Ella siempre me ha brindado un entorno amoroso y tolerante donde puedo aclarar las cosas.

"Nunca te he visto tan a disgusto contigo misma", me dijo.

Mamá tenía razón. Siempre había trazado mis metas y seguido adelante, pues las cumplía a la primera oportunidad. Había criado a dos niñas yo sola. Había pasado de secretaria a vicepresidenta con varios puestos intermedios. Lo que sospechaba es que a mi vida le faltaba algo. Y sabía que hacer más de lo que ya hacía y conseguir más de lo que ya conseguía no iba a llenar ese vacío no identificado. Tenía que redefinir mi concepto de *éxito*.

Mi última noche en Boise, tuve un sueño. Cuando desperté, tenía una sola palabra en mi conciencia. Yo la busqué en el diccionario: "*Enclave:* un grupo cultural minoritario que vive dentro de otra cultura". Al no tener idea de qué significado podía guardar eso para mí, pronto lo olvidé.

Al regresar a mi casa, encontré un suplemento del periódico *International Living* entre mi correspondencia. El encabezado decía: "El Lago de Chapala: un enclave para los jubilados estadounidenses". Sentí un escalofrío que me subía por los brazos. Proseguí la lectura. Un anuncio al margen decía: *"Retírese en México"*, se trataba de una conferencia que se llevaría a cabo en Guadalajara el mes siguiente.

Enclave. Tomé el teléfono e hice una reservación.

En mi vuelo a México, me senté junto a una mexicana extraordinaria. Su cuerpo estaba envuelto en bufandas de colores brillantes, lo cual le daba un aire de gitana. Sobre su cabello, castaño y entrecano, Iona llevaba un enorme pañuelo verde pálido con círculos blancos. Sobre sus frágiles hombros colgaban un par de aretes de narciso.

Después de haber conversado un rato, Iona sacó de su bolsa de mimbre un paquete envuelto en terciopelo. "¿Conoces este Tarot? Me preguntó y desenvolvió un enorme juego de barajas. "Mira qué bonitos son los dibujos".

Yo sacudí la cabeza y sonreí. "Lo siento, pero yo no creo mucho en fenómenos místicos, salvo en los sueños".

Iona bajó la bandeja para alimentos, la cubrió con su pañuelo guinda y, con toda solemnidad, colocó las cartas encima.

"¿Te gustaría que te leyera las cartas?"

¿Por qué no? ¿Qué puedo perder? Pensé. "¿Me adivinarás el futuro?"

"No. Éstas cartas sólo te dicen lo que ya sabes de ti pero tienes miedo de ver". Iona inclinó ligeramente la cabeza y me miró con el rabillo del ojo.

Con la cabeza, le indiqué que podía continuar.

"Bien, Karina. Empezaré tu lectura con sólo tres cartas". Tal como lo indicó, cerré los ojos y me concentré en descubrir lo que faltaba en mi vida. Tomé un respiro profundo, barajé las cartas y las coloqué boca abajo en tres montones separados.

Iona destapó la carta superior de cada montón y la acarició con sus dedos de cristal de leche.

"Ahora, Karina... comencemos. Esta carta dice quién eres: El Loco, que significa comenzar de nuevo o adentrarse en lo desconocido". Iona sonrió por algo que decidió no decirme y yo me pregunté qué nueva aventura me esperaría al llegar a Guadalajara. Ella continuó. "Cuando enfrentas una decisión difícil, esta carta te recuerda que sigas a tu corazón sin importar cuán loco parezca".

Quizá ella podía leer mi mente.

"Karina, tú eres el Loco". Sus ojos negros brillaron. "Tal es la alegría que te espera".

Yo me recosté en el asiento y cerré los ojos. *Ella es sólo una ancianita con un montón de cartas*, pensé. Entonces, desde algún lugar muy adentro de mí, una pequeña voz susurró: "Escucha".

"La siguiente carta, el Papa, dice que algunas cosas se interponen en tu camino y te impiden tener una vida feliz. Esta carta te dice que actúas demasiado influida por lo que otras personas, quizá de tu esfera religiosa o laboral, esperan que hagas".

Iona volvió mi barbilla hacia ella para forzarme a ver sus profundos y misteriosos ojos. "Esto te había resultado cómodo, supongo; pero ya es hora de que te sientas menos cómoda e inicies una nueva vida, una vida que vivas desde aquí", y me tocó el corazón, "y no desde aquí", y me tocó la frente.

"Ahora mismo", declaré, "necesito saber si permanezco en mi empleo o lo dejo. Me da miedo. Sé que ya he tenido demasiado de la vida corporativa estadounidense, pero no sé qué más hacer". Me tomé un minuto para pensar. "Yo me defino por mi empleo".

"*Sí*", dijo Iona. "Esta pregunta ha sido el primer paso hacia tu nueva vida".

"¿Y la última carta?", pregunté con un toque de sarcasmo y una pizca de esperanza. "¿Acaso me dirá qué debo hacer ahora?"

"Veamos". Iona presionó la tercera carta sobre mi palma. "Mira. Es la Sota de bastos". Reposó el dorso de mis manos sobre las suyas. "Ahora cierra los ojos e imagina que estás en una estación del ferrocarril". Hablaba con una voz tranquilizante y melodiosa. "Un chico extiende su mano hacia ti desde un tren que parte. Sonríe y te grita: '¡Salta! ¡Mi tren va a lugares maravillosos! Ese niño es la Sota de bastos". Iona se detuvo, aún con mi mano en la suya. "Ahora, abre los ojos por favor. La pregunta es: Karina, ¿subirás al tren y te irás con el niño?"

"Suena tentador", dije con una sonrisa maliciosa. "Pero no tengo idea de dónde está la estación del ferrocarril ni hacia dónde va el tren".

"Pronto encontrarás la respuesta a esas preguntas." Iona apretó mi mano. "Salta hacia esta nueva vida, Karina, y encontrarás tu destino".

El encuentro con Iona ocurrió hace dos años. Poco después, escapé del ajetreo de la vida corporativa y me mudé a México, a un maravilloso pueblo empedrado. Atrás dejé mis hojas de cálculo y mi seguridad, confiada en esa pequeña voz de mi interior y en las señales sincrónicas plantadas ante mí para guiarme en mi camino. Vendí o regalé casi todas mis posesiones. Ahora mi vida es más sencilla. Es equilibrada. Es feliz.

Ya he identificado a esa pequeña voz de mi interior que me rogaba que escuchara. Es mi pequeña artista. Ella ha sido responsable de que yo haya escrito y publicado un libro, de mis incursiones en la fabricación de muñecas, decoración de guajes, cerámica y pintura. Me ha enseñado cómo volver a jerarquizar mis valores, retribuir a la comunidad y descubrir mi propia espiritualidad.

Vivir en algún lugar de México, sin usar reloj, pantimedias o teléfono celular, y sin la necesidad de competir, triunfar y adquirir posesiones me ha dado esa libertad para volver a ordenar mis valores y descubrir lo que faltaba en mi vida. Plenitud.

Karen Blue

Lección de vida #3:
Lánzate a la aventura

Un incontable número de mujeres quieren romper el molde. Quieren hacer algo fuera de lo común. Quieren tener una experiencia que cambie su vida. ¿Has sentido que quisieras hacer algo extraordinario? Pues deja de desear y empieza a actuar.

¿A qué lugar siempre has soñado con viajar? ¿A dar un paseo a alguna sección de la Ruta de los Apalaches? ¿A visitar el monte Rushmore o a admirar los colores otoñales de Nueva Inglaterra? ¿Has soñado con bucear en la Gran Barrera de Arrecifes de coral en la costa de Australia?, ¿o visitar Irlanda para rastrear tu historia familiar? El destino en sí es menos importante que el hecho de hacer algo que expanda tu sentido de ti misma. Al lanzarte a la aventura, te permites salir de los

No podemos escapar al miedo. Tan sólo lo transformamos en un compañero que está a nuestro lado en todas nuestras aventuras... Toma un riesgo cada día —una travesura pequeña o atrevida que te haga sentir de maravilla cuando la haces—.

Susan Jeffers

trillados esquemas de tu vida cotidiana; expandes tu perspectiva y agrandas tu mundo.

    ¿Qué expediciones te gustaría realizar? ¿Qué aventuras abandonaste debido a tus responsabilidades o limitaciones económicas? ¿Hay algún lugar con el que siempre hayas soñado pero aún no vas? ¿Te gustaría recorrer el Pasaje Interior de Alaska? ¿Siempre has anhelado recostarte en alguna playa de Hawaii? ¿Tienes la ilusión de asistir a un concierto en el Grand Ole Opry (gran espectáculo de música country) o de visitar Graceland (la casa de Elvis Presley)? Todos esos destinos son bastante exóticos, pero una aventura no siempre implica viajar lejos de casa o gastar mucho dinero. Tan sólo te requiere hacer algo fuera de lo ordinario.

Alimento para el pensamiento

Hagas lo que hagas, date la oportunidad de soñar —fantasea sobre los lugares que te gustaría conocer aunque por ahora no seas capaz de emprender el viaje de tus sueños—. Sea el lugar que sea, comienza a planear el viaje desde ahora y convierte tu aventura en realidad.

    Puedes dar a tu vida un sentido de la aventura al hacer algo que no forme parte de tu rutina diaria. Puedes volverte un turista en tu propia ciudad y visitar lugares a los que nunca has ido. Dedica tu hora del almuerzo a explorar una tienda de baratijas o una librería de viejo. Toma un camión a la ciudad más cercana y ve a un museo o da una caminata por el panteón de tu localidad. Explora parques o veredas de tu área. No necesitas mucho para sentir como si hubieses tomado una mini vacación. A menudo, esto es tan sencillo como romper con tu rutina y experimentar un cambio de paisaje.

Yo hago algo diferente y nuevo cada día.

La tiara de cumpleaños

A veces harás cosas bobas. Hazlas con entusiasmo.

COLETTE

Cuando cumplí 30 años, me regalé una velada. Mi amiga Sarah llegó temprano, hizo que me sentara y me dio una caja blanca de pastel. Para decorar la tapa, había una corona dibujada con tinta dorada. Mi corazón saltó. Después de todo, era de parte de Sarah, alguien que regala cosas muy significativas.

Retiré la tapa. Colocada en el centro de una estrella hecha con pañuelos de papel, estaba mi propia corona. Luces de colores surgían de aquella estructura, formada de limpiapipas resplandecientes.

"Es una tiara de cumpleaños", dijo Sarah. "Y tienes que ponértela".

Reí. Ella sabía que yo necesitaba permitírmelo.

Y así, por una noche, me sentí como una celebridad rodeada de admiradoras. Sin embargo, después de la fiesta, empaqué mi tesoro y lo guardé por ahí. Había tenido mi noche de estrellato.

Algunos años después, me acordé de mi tiara. Decidí colocarla en mi estudio, entre los libros infantiles. Al fijarme en ella sentada desde mi computadora, la vi y sonreí.

Luego vino otro cumpleaños. El de mis 34 años. Todo empezaba a sentirse igual. Tras abrir los regalos de mi esposo John, me dije: *Hoy será un buen día.*

Dije mis oraciones matutinas. Tras incorporarme sobre el tapete donde me había reclinado, espié la corona. *¿Debería?* pensé. *No. ¡Qué ridícula!*

Pero entonces escuché una voz más fuerte: *John está en el trabajo ... Estoy sola en casa ... ¿Por qué no?*

Y me la coloqué en la cabeza. Divertida, sonreí de oreja a oreja. Mientras me preparaba para irme a trabajar, me sentí alegré como si hubiese recibido una descarga de energía y alegría. Pero, ¿acaso era yo quien daba vueltas por toda la cocina?

Al despedirme de mis gatitos con una canción, tomé las llaves de mi auto y mi bolso. Entonces, una voz en mi cabeza gritó: *¡Detente! No vas a salir a la calle con eso puesto, ¿o sí?*

Paré en seco. ¿Qué iba a pensar la gente? Debo estar chiflada.

Pero espera, dijo mi nuevo yo diverti-cariñoso. *Será un experimento. Veamos cuántos conductores lo notan.*

Sufrí una amarga decepción al ver que ni una sola alma miraba por donde yo pasaba durante mi trayecto al trabajo. *Y ahora ¿qué?*, pensé, sentada en el estacionamiento del trabajo. *¿Entro con la tiara puesta?*

En la entrada para empleados del museo, me recibieron miradas de incredulidad. El guardia de seguridad me siguió. Tenía una sonrisa maliciosa. Me bombardeó de preguntas como: "¿Qué es eso? ¿Se enciende? ¿Cuántos años tiene? Yo respondí las dos primeras preguntas e ignoré la tercera.

Mis colegas mujeres aprobaron mi nueva imagen. "Me encanta", exclamaban mientras me llenaban de elogios. "Tienes que usarla con el grupo de escolares que guiarás hoy".

Cuando recibí a los estudiantes de cuarto grado procedentes de Fairfax, percibí de inmediato algunas bocas abiertas y ojos cuadrados. "¿Alguien sabe por qué llevo puesto esto?"

Alguien levantó la mano. "¿Quiere usted lucir ridícula?", gritó un bribonzuelo.

Con cara de humillación disimulada, soporté el coro de risitas.

Otro alumno, como si desease enmendar la grosería de su compañero, preguntó si podían cantarme *Feliz cumpleaños*.

"Al final del recorrido", prometí complacida.

Mientras me dirigía a la sala contigua para comer con mi amiga Brittney, pensé en mi *tocado*. *Luce como un sombrero*, racionalicé. *¡Vamos! Ahora puedo ponerme esas elegantes creaciones que siempre he envidiado a las ancianas en la iglesia.*

Conté a Brittney todo lo que había observado hasta ahora. "Las mujeres me felicitan. Creo que, en el fondo, todas desean usar una. Los niños la miran o la ignoran. Ellos son los más educados. Los hombres tratan de adivinar mi edad y luego preguntan '¿se enciende?' —y el que me preguntó eso ya me tiene harta—. ¡Los hombres y sus bromas!"

"Está encendida, pero por dentro", dijo Brittney. Las chicas son tan efusivas.

Aquella tarde, dejé descansar un rato la tiara. Le insistí a mi estilista que la usara mientras me cortaba el pelo.

"No la necesitas, Miriam", le dijo su jefe en son de burla. "Tú ya te crees una reina".

Para cuando conducía hacia la oficina de mi esposo, ya casi había olvidado lo que llevaba en la cabeza. Pero él lo notó.

"¿Has traído puesto eso todo el día?"

"*Sípi*," respondí. "Y no me lo quitaré ahora."

Amenazó con no salir conmigo en la noche, pero yo estaba armada: "Es mi cumpleaños. Un día de entre 365".

Él sabía que había sido derrotado.

En el restaurante, fui recibida con las mismas respuestas que había escuchado todo el día. Salvo por una. Cuando me dirigía al baño, una expresiva mujer me gritó: "¿Y cuándo va a encender sus velas?"

"No puedo", le dije entre risas. "Son de plástico". Su cara se alargó de decepción.

Fue hasta después de medianoche que volví a poner la tiara en su sitio del librero. Había pasado otro cumpleaños. Pero uno diferente. ¿Por qué? Porque yo lo hice así. Me arriesgué. Aunque al principio dudé y pensé en echar marcha atrás, me había aventurado más allá de lo seguro. Había encontrado valor dentro de mí. Una amiga me dijo que me veía "simple y gloriosa". Y aquél fue sólo el principio.

Deborah M. Ritz

LECCIÓN DE VIDA #4:
HAZ ALGO FUERA DE LO COMÚN

Es hora de que hagas algo fuera de lo común. ¿Qué puedes perder? No tienes que impresionar a nadie. Es hora de que te complazcas, de que celebres quién eres y de que seas tú misma, sin inhibiciones.

Compra un frasco de burbujas de jabón, colócate bajo un semáforo y lanza burbujas para quien pase. Saluda a personas que no conoces. Envíate un ramillete de globos que diga "¡felicidades!". Tan sólo festeja el hecho de que tú eres tú. Haz pasteles de lodo o ve a la playa y construye un castillo de arena. Cita a algún amigo para cenar y ponte en la boca unos dulces *labios de cera*. Cómprate unas lindas sábanas nuevas que te hagan sentir cómoda y relajada o sensual y provocativa. La decisión es tuya, tan sólo haz algo que raye en lo extravagante.

Agrega una pizca de simpleza a tu prudencia; es bueno ser bobo en el momento adecuado.

Horacio

Intenta algo que no hayas hecho antes. Si nunca has practicado deportes, ¿por qué no tomas clases de tai chi o karate? Si sientes que el arte no se te da, inscríbete en clases de pintura o en un taller de soldadura autógena para mujeres. Si has tenido el mismo corte de pelo durante años, ¿por qué no te reinventas y cambias de estilo por completo? Si tu casa está pintada de un exquisito beige —o cualquier otro exquisito color— dale un poco de vida con una lluvia de colores. Si siempre has admirado a las personas que son extrovertidas y expresan sus ideas políticas, pero nunca has encontrado el momento adecuado, es hora de que trabajes como voluntaria en alguna campaña o participes en alguna marcha de protesta. Olvida la prudencia, la sensatez, la propiedad y la adultez por un momento ¡y haz algo fuera de lo común!

> **Alimento para el pensamiento**
>
> Todos necesitamos modelos de quienes aprender. ¿Quién es el maestro que te enseñará a vivir una vida apasionada?

Yo tomo riesgos que me llevan al extremo de mí misma y me hacen crecer.

¡A brincar!

El juego es la exultación de lo posible.

MARTIN BUBER

Lo peor de convertirse en adulto es la facilidad con que nos encerramos en los detalles de la vida diaria. Cierto otoño, las hojas de los árboles se veían en verdad gloriosas, al igual que el color de las calabazas de la Noche de Brujas y los atardeceres llenos de niños. De camino a mi oficina conducía mi auto a través del campo y apenas notaba los llamativos colores. En cambio, iba obsesionada con pequeñeces: recoger a los niños en la escuela, la fecha límite de entrega en el trabajo o las labores y proyectos domésticos. Los colores pasaban sin yo percibirlos.

Sin embargo, un día, mi hija de cuatro años, con el asombro que Colón debió haber sentido al arribar al Nuevo Mundo, contemplaba la pequeña montaña de hojas que su padre había juntado. Entonces, volteó hacia mí y me dijo: "¡Vamos a brincar en ellas!"

Yo aún no puedo creer en lo acertado de su razonamiento: una hoja otoñal es para admirarse, pero varias docenas son para saltarles encima. Ese conocimiento era instintivo en ella, tal como lo es para cualquiera cuya estatura no sobrepase los tres pies.

Ciertamente yo no había sido para ella un ejemplo de tomar las cosas con calma y despreocupación. No me había echado sobre hojas en más de veinte años. Peor aún, cuando mi hija observaba el montón de hojas, yo estaba en la entrada de la casa con una maleta en una mano, las llaves del auto en la otra, con zapatos de tacón, traje sastre y lo que quizá era una expresión de horror en la cara.

No me entiendes, le expliqué de muchísimas maneras. Tú eres quien debe brincar en las hojas. Tú eres la niña. Yo soy la mujer adulta, aburrida y predecible que ni en sueños podría hacer algo tan absurdo, irracional y delicioso. ¿Por qué no brincas ahí tú sola?

"Por favor", dijo ella.

Es por mi ropa, respondí. La ropa de los niños está hecha para brincar en las hojas. La de los adultos no. Se me podría rasgar una media. O quizá mi traje se ensucie y deba llevarlo a la tintorería. Aunque no lo hiciese, imaginaba que sacaría una hoja arrugada y seca de mi bolsillo a la mitad de una junta de de negocios.

"Por favor, mamá", dijo ella mientras me miraba con sus ojos negros.

"De acuerdo", accedí.

Así fue como descubrí la alegría de zambullirme, con zapatos de tacón, traje sastre y las manos en la cintura, en una pequeña montaña de hojas, mientras tomaba la mano guía de mi hija.

Anna tenía razón. Aunque ella no podía entender o explicar por qué no quería esperar a que me pusiera pantalones vaqueros antes de entrar, supe que esto habría sido un error. Zambullirse en un montón de hojas no es cosa del otro mundo. Pero hay algo en saltar sobre hojas sin preocuparse por el traje, la camisa o la dignidad que convierte esa experiencia en algo maravilloso. Es algo parecido a saltar sobre un charco a propósito o tratar de atrapar copos de nieve con la lengua. No importa tanto el acto en sí, sino el estado mental; el de estar dispuesto a tomarse el mundo a la ligera, aunque sea por unos pocos minutos. Años después, mi hijo Tim me volvió a enseñar la misma lección desde el principio cuando me mostró la misma alegría de brincar sobre las hojas.

La imagen del montón de hojas ayuda a notar cosas que son fáciles de pasar por alto: el delicado azul del cielo, la hermosa pausa del otoño antes de que comience el frío severo. Y eso sin mencionar lo divertido que es enterrarse hasta el cuello en un montón de hojas.

Durante todo aquel otoño de hace tantos años, Anna y yo nos tomábamos de la mano todos los días y, después de tomar impulso al correr por el camino de entrada de la casa, brincábamos en las hojas.

Este recuerdo me ha hecho pensar en algo: quizá este invierno haga ángeles de nieve.

Maura J. Casey

Lección de vida #5:
Vive tu pasión

Es probable que tengas deseos y anhelos secretos que has enterrado bajo las necesidades de tus hijos, familia o trabajo. Son cosas que deberías hacer, pero no has encontrado el tiempo. Es demasiado fácil abandonar tus sueños en favor de tu ocupada vida. Sin embargo, cuando descuidas tus sueños, tu vida se vuelve un poco más plana y anodina. Por desgracia, tú también te vuelves así.

Cada uno de nosotros tiene una llama en el corazón que está encendida por algo. Es nuestra meta en la vida encontrarla y mantenerla encendida.

Mary Lou Retton

Una pasión no es una ligera necesidad; es un antojo feroz. Las mujeres embarazadas conocen el poder de los antojos. Aunque aquí no nos referimos a la comida, la necesidad es justo la misma. Tu pasión es aquello por lo que sientes la curiosidad más profunda, lo que más apeteces. Es lo que lograrías aunque nunca nadie te viese o reconociese tus esfuerzos. Tu pasión es eso que harías si dejaras de preocuparte por complacer a cualquiera que no fueses tú misma. Es el deseo más urgente que te pide el corazón. Tu pasión es lo que ansías hacer desde lo más profundo de tu ser. Es lo que electrificará y avivará tu vida.

Dedica un momento a pensar cuál era tu sueño antes de quedar enterrado bajo el peso de tu vida cotidiana. ¿Cuál es tu verdadero amor? Si el dinero no fuese un problema para ti, ¿a qué te dedicarías? Tan sólo permítete soñar. No tienes la obligación de hacer ninguna de las cosas que te vengan a la mente. Sólo relájate y echa a volar tu imaginación.

También puedes anotar tus deseos y anhelos secretos. No te censures. No tienes que mostrarlos a nadie. Son sólo para ti. Esos sueños son tu inspiración. Pueden convertirse en el plan para redescubrir tu yo apasionado.

Una vez que has anotado tus deseos y anhelos secretos, elige uno —cuando veas la lista tu corazón sabrá cuál en verdad deseas cumplir primero— y haz algo para convertir ese sueño en reali-

> Y *llegó el día en que el riesgo de permanecer encerrado en un botón fue más doloroso que el riesgo que tomó para florecer.*
>
> *Anaïs Nin*

Preguntas que conviene hacerse

· ¿Qué deseo con vehemencia cuando me permito sentir mi verdadero anhelo?

· ¿Qué anhelos y sueños deseo en verdad cumplir?

·¿Qué es aquello que siempre he querido hacer pero nunca he encontrado el tiempo? ¿Cuándo lo haré?

dad para el final del mes. Cualquier acción que tomes te dará una infusión instantánea de energía y empezarás a revivir tu pasión.

Ahora yo me reconecto con mi ser apasionado y descubro una mayor expresión de mí misma y de mi creatividad.

Herramienta básica: Arma un estuche de herramientas de la pasión

Para empezar, encuentra el estuche o la caja perfecta. Esto es importante. Elige justo algo que pueda contener los ingredientes capaces de traer la alegría, la creatividad y el juego de vuelta a tu vida.

Ahora pregúntate: ¿Qué necesito para volver a encender la pasión en mi vida? ¿Es acaso un nuevo par de tijeras dentadas, un juego de pinturas de agua, una colección de partituras, una canasta de herramientas para jardinería o un paquete de folletos turísticos? Sea lo que sea, consíguelo. Complácete.

Aquí tenemos algunos ejemplos de lo que las mujeres han hecho para redescubrir su pasión. Una mujer que había abandonado su pasión por montar a caballo cuando entró en la adolescencia, incluyó en su estuche un cuadernillo de estampas de caballos para representar de manera simbólica su pasión redescubierta. Luego, añadió unos pantalones de montar y un par de botas, y empezó a tomar clases de equitación. Otra mujer, a quien le encantaba la costura pero que ya no tenía tiempo para esas labores, empezó a juntar tela para una extravagante colcha que siempre había querido hacer. Rescató del ático su máquina de coser y se unió a un club de costura. Y otra mujer recordó que de niña había tomado clases de cerámica. Incluyó en su estuche una figurita de barro. Pronto, sus recuerdos habían vuelto a encenderse con tal entusiasmo que compró una bolsa de arcilla, instaló una rueda en su sótano y empezó a hacer ollas. Rentó espacio en un horno para cocer sus creaciones y, al final, tomó clases de cerámica.

¿Sabes cuán emocionados se sienten los niños cuando los llevas a una tienda de juguetes? Bueno, ese es el sentimiento que debes tener cuando pienses en armar tu equipo de la pasión. Es hora de que cumplas lo que tu corazón desee. Deja fluir tu creatividad. Aunque quizá tu presupuesto no te permita comprar *todos* los ingredientes necesarios de una vez, puedes comenzar con algunos.

⚜ El toque final

¿Qué has querido hacer siempre?

Es hora de que tomes una hoja de papel —o mejor aún, tu diario— y crees un historial de tus sueños. Se trata de un recuento de todas las diferentes formas que ha tomado tu pasión a lo largo de tu vida. Hazlo a partir de tu infancia y avanza hasta el presente. Aquí tienes un ejemplo:

A los 7 años... yo soñaba con montar a caballo.
A los 12... soñaba con convertirme en actriz.
A los 17... soñaba con ir al colegio universitario y conocer nuevos amigos.
A los 20... soñaba con ser directora de documentales cinematográficos.
A los 25... soñaba con mudarme a la Ciudad de México.
A los 30...
A los 40...

Repasa tu lista y añade los lugares que quisiste conocer, las metas que deseaste lograr, los estilos de vida que anhelaste y las cosas que quisiste intentar.

Ahora, elabora tu lista de sueños actual. Comienza con el presente y haz una lista similar de tus sueños y deseos para este mes, este año, dentro de tres años, dentro de cinco años, etcétera. En cada caso, utiliza y completa las siguientes frases: "Quiero ____", "necesito ____", "sueño con ____". Y no olvides ser lo más específica posible. De esta manera, te ocuparás de tu pasión y la convertirás en realidad.

HAZ DE CADA DÍA ALGO SAGRADO

El gran ingrediente esencial... es lo sagrado que reside en lo común, en la propia vida cotidiana.

Abraham Maslow

Los ensueños mueren

En mi historia hubo cierto momento que, si yo pudiese, levantaría un monumento en su honor.

Una soleada tarde, mientras conducía por una carretera rural y admiraba con envidia las hermosas casas de aquel escenario idílico, puse un poco de rock suave para zambullirme más en mi pozo de ensueños.

En aquel entonces, los ensueños eran una forma de vivir para mí, un escape de la mundana vida que llevaba como esposa, madre y enfermera de tiempo completo. La eterna lucha para conseguir lo indispensable —la renta, la comida y zapatos tenis nuevos para los niños— me dejaba agotada. Rodeada por amigos y vecinos epicúreos, había desarrollado un gran apetito por las cosas materiales. A menudo frustrada, pasaba muchas horas del día a flote en mi laguna de deseos, donde disfrutaba de la ilusión de riqueza, fama y ocio —el destino de mis sueños despierta—.

Poco después, aquella laguna escondida empezó a transformarse en un sucio y lodoso pantano donde tramaba cómo escabullirme de las relaciones que me impedían tener una vida de sofisticación, aventura y placer. Aquellos sueños más oscuros guardaban opciones más perversas.

De repente, volví a la realidad y a la carretera. La gran vagoneta que estaba delante de mi viró súbitamente a la derecha. Vi con sorpresa cómo un coche compacto (un Yugo de color rojo) voló por arriba de la vagoneta y pasó a un lado de mi auto. El pequeño auto trazó un arco en el aire y se precipitó. Su conductor me miró. No vi miedo, sólo aturdimiento. Antes de poder parpadear, el auto cayó de frente en la carretera con un golpe seco. Las llantas traseras giraban al aire. Me quedé justo como una avestruz bajo la arena. Mientras corría hacia el lugar, sólo había silencio. Ningún pájaro cantó y ninguna persona gritó. El mundo se detuvo expectante.

Su brazo izquierdo colgaba de la ventana abierta. Un pequeño chorro de sangre apareció bajo la manga de su blanca camisa. Tenía el volante enterrado en la cara, justo por debajo de la nariz, y el motor sobre los muslos, lo cual ocultaba la parte inferior de su cuerpo. Le tomé el pulso. En ese momento, el hombre levantó la cabeza y tomó un respiro profundo y estremecedor. Me miró directo a los ojos. De alguna manera, a pesar de la total destrucción de la mitad inferior de su cara, logró murmurar: "Diles que los amo...", y murió. Tomé su mano y recé la *Oración de los difuntos*. Cuando abrí los ojos, el mundo volvió a despertar. Noté que un numeroso grupo de personas se había juntado cerca de ahí, todos tomados de las manos y con la cabeza baja en señal de oración.

La ambulancia llegó. Antes de irme del lugar, supe que el fallecido se llamaba George Brown. Mientras me alejaba en mi auto, quedé sobrecogida al pensar en los cambios tan drásticos que acababan de ocurrir a tantas vidas. En segundos, la vida de sus hijos, esposa y amigos se habían alterado para siempre. ¿Era rico o pobre? ¿Amado u odiado? ¿Aún importaba eso?

Luego de mi reacción de aturdimiento ante su abrupta muerte y alentada por la unión de aquella multitud silenciosa, derramé unas lágrimas de conmoción. Supe que aquel momento cambiaría mi vida. Los deseos se volvieron insignificantes a la luz de nuestro destino final. Una paz desconocida y silenciosa —una sensación de felicidad interior y sincero aprecio por la vida— entró en mi corazón aquel día.

Los pensamientos últimos de aquel desconocido no fueron la riqueza o la fama sino las personas que amaba. Sus palabras se volvieron para mí una vela en la oscuridad... iluminaron el camino de la comprensión y el amor y acabaron con las ensoñaciones nacidas de la frustración vana y la pesadumbre innecesaria.

Lynne Zielinski

LECCIÓN DE VIDA #1:
RECUERDA LO QUE ES IMPORTANTE

A veces, a pesar del éxito en el mundo, es probable que sientas que en la vida tiene que haber algo más —quizá sientas el anhelo de una conexión con *algo* que no puedes explicar, pero que sabes que te falta—. Tal vez sientas un fuerte deseo de profundizar más en tu vida, de ir más allá de lo aparente en el mundo para poder conectarte con algo más grande que tú misma.

No hay nada malo en querer una vajilla de porcelana, un par de pendientes de diamantes o un suéter de casimir. Es sólo que, en nuestra cultura, las cosas se han salido seriamente de proporción. Nuestro deseo de tener más recibe el estímulo constante de los medios. Sufrimos el bombardeo de comerciales,

> **Alimento para el pensamiento**
>
> Cada persona tiene al menos un momento en su vida en el que pone todo en perspectiva y la hace darse cuenta de lo que es realmente importante. ¿Cuál ha sido el tuyo?
>
>

películas, anuncios y revistas llenos de gente bonita, casas, autos, ropa y joyas extravagantes —y todo lo que quieras—.

Por desgracia, en nuestra cultura consumista es fácil perder de vista lo que en verdad importa. Tú deseas que tu vida tenga un sentido más profundo, pero ¿en verdad crees que ese deseo pueda satisfacerse con un auto nuevo, un viaje con todo pagado a tu tienda de ropa favorita o una visita al cirujano plástico? Quizá no. Sin embargo, de manera continua, los publicistas tratan de venderte lo que no necesitas. Y, por desgracia, les crees.

La pregunta es: ¿Cómo puedes encontrar satisfacción en algo que va más allá de las apariencias de la vida cotidiana? Por supuesto, responder a esto es un reto, sobre todo en nuestra sociedad tan materialista. Pero hacer de cada día algo sagrado es una posibilidad real.

Estoy encontrando un significado más profundo en mi vida.

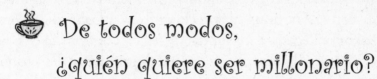

De todos modos, ¿quién quiere ser millonario?

Hay dos maneras de ser rico: una es tener más;
la otra es querer menos.

DICK LEIDER

Ver en la portada de aquella revista el retrato del último millonario salido de un programa de concursos no me causaba ningún problema. En verdad. Después de todo, no es un logro menor saber que Centroamérica consta de siete países, que la tapioca proviene de la raíz de la mandioca y que el verdadero nombre del artista antes conocido como Prince es Roger Nelson. Bien por usted, señor millonario, pues la semana pasada aún conducía un Dodge Dart. Me alegro por usted, por su devota esposa y por esos dos niños que ahora están seguros que sus dientes podrán ser, y serán, corregidos.

La historia de la mujer de la Costa Este que ganó *chorromil chorrocientos* dólares en la lotería hace algunos meses tampoco me molestó demasiado. Se veía tan agradable. Tan digna. Sobre todo cuando dijo que usaría el dinero para acabar con el hambre en su país favorito del Tercer Mundo, no sin antes irse de compras a Bloomingdale's.

Y no tuve ningún problema al saber de la dama que ganó aquel enorme premio en la máquina tragamonedas. Ni tampoco con esos billonarios veinteañeros descalzos y los negocios de computación que instalaron en su cochera. Quizá ahora esos chicos tendrán tiempo para comprar calcetines y pantalones que les queden bien.

Cuando se trata de la fortuna de otras personas, creo que casi siempre me he mostrado magnánima. ¡Es que las personas trabajadoras y no millonarias podemos soportar tanto! Pero con las noticias más recientes de la bolsa de valores, quizá haya llegado a mi límite.

Primero, algunos antecedentes. A principios del año pasado recibí una inesperada herencia de una tía a quien no veía hace años. No alcanzaba para comprar una villa en la Toscana ni incluso un Toyota nuevo, pero era suficiente para hacerme pensar que quizá debería unirme a las filas de los inversionistas estadounidenses.

Así pues, consulté a un respetado asesor financiero quien, por cierto, lucía un excelente corte de pelo y una manicura recién hecha, además de tener suficiente mármol italiano en su sala de recepción para disipar cualquier duda acerca de sus capacidades. Me preguntó acerca de mi *tolerancia al riesgo*. Cuando le respondí "moderada", él recomendó ciertos fondos mutuos con un "registro de rastreo comprobado" —unos fondos en los que, según dijo, él estaría dispuesto a invertir su propio dinero si su cartera no estuviese ya tan diversificada—. Habló sobre las personas que manejaban dichas cuentas —aquellas que sonríen en los reportes anuales, desplegados del otro lado de la reluciente y gigantesca superficie de su escritorio de palisandro— como si conociese en persona el tamaño de los zapatos y el nombre de los hijos de cada una.

"Entonces, ¿desea continuar con esto?", preguntó desde su silla giratoria de piel con respaldo, mientras señalaba con una pesada pluma en dirección a mi chequera.

Pero apenas lo oía. Mi mente, estaba muy, muy lejos, en esa tierra donde la gente vive de su puro interés.

Nunca se me había ocurrido que las inversiones también podían perder dinero sino hasta que los reportes trimestrales empezaran a llegar a mi correo. Con candidez, yo creí que era sólo cuestión de ganar en mayor o menor proporción.

Me equivoqué. En un momento en que los encabezados, extáticos, anunciaban alzas en el mercado de valores y la mejor temporada para los inversionistas, mi dinero estaba ocupado y empacaba sus maletas con rumbo al Sur. Parece que los encargados de mis fondos en particular, para no arriesgarse con la economía estadounidense, se habían aventurado a invertir en toda una serie de mercados extranjeros. Así, mientras que el índice NASDAQ marcaba nuevos récords, al parecer, mi pequeña inversión ayudaba a financiar proyectos de pesca en el río Ganges y negocios de acordeones en Varsovia.

"Bueno. Vive y aprende", pensé tras el tercer trimestre consecutivo de perder cantidades de dos dígitos, a lo que añadí, con sólo un esbozo de sollozo: "Es sólo dinero".

Fue por aquel entonces que ocurrió el increíble éxito bursátil de Qualcomm, la compañía de alta tecnología ubicada en San Diego.

Yo conozco a muchas personas que trabajan ahí. Personas que, a lo largo de los años, aprovecharon todas sus opciones de inversión bursátil. Son los mismos amigos a quienes me topo cuando espero las muestras del mini-quiche en el Costco. Vecinos a quienes he llamado para preguntarles: "Por casualidad, ¿aún tienes la sección del periódico con cupones de cuarenta por ciento de descuento en Mervyn's?" Personas que en este preciso instante ven televisores de pantalla grande, discuten si mejoran su casa o se mudan y planean cruceros de Semana Santa para toda la familia, incluida la abuela.

Así pues, empecé a hacer cuentas. Calculé cuáles habrían sido mis ganancias si, en lugar de financiar a esos criadores de yaks con *grandes* ideas, hubiese puesto mi dinero en cierta inversión regional al principio del año pasado. ¡Ay!, la pantalla de mi calculadora de mano no alcanza para mostrar un número con tanto ceros.

Cuando me levanté del desmayo producido por la impresión, empecé a ver las cosas con más claridad. ¿En verdad importa la riqueza? Me pregunté. ¿Vería más hermosos los colores del atardecer si tuviese una cuenta bancaria más grande? ¿Vería la luna llena más llena? ¿Me parecería más dulce la sonrisa de un niño o la caricia de un amante? Si tuviese un millón o dos recién disponibles en el ATM, ¿me sabría más rico el pan francés por la mañana? ¿Me daría más alegría ver el rostro de un amigo? ¿Disfrutaría más pasear por la playa? ¿Serían más dramáticas las olas al chocar? ¿Se verían más graciosos los pelícanos? ¿Se sentirían el sol o mis hombros más tibios? Mientras me hago esas preguntas, me percato de que gozo de buena salud, vivo en una bella ciudad y, además, mi canción favorita está en la radio.

No, lo he decidido y es definitivo. Los ricos poco saben de la verdadera alegría. Y sí, Regis, ésa es mi respuesta final.

Sue Diaz

LECCIÓN DE VIDA #2:
ABRAZA LA SENCILLEZ

En verdad, casi todos nosotros tenemos demasiadas cosas —demasiadas posesiones, demasiada comida, demasiados lugares a donde ir, demasiadas opciones—. Si te detienes y piensas en ello, ésta es la primera vez en la historia que nos enfrentamos con este problema —el problema de tener demasiado—. En verdad, muchos de nosotros nos agotamos en extremo por procurar tenerlo todo.

¿En qué medida el deseo gobierna tu vida? Todos quedamos atrapados, hasta cierto punto, en el deseo de tenerlo todo. Pensamos que tener un auto nuevo, vivir en cierta zona o tener la ropa adecuada nos dará la felicidad. Pero pocos de nosotros experimentamos el tipo de vida que suele mostrar la televisión. Los anuncios sugieren que si tan sólo tuvieses el maquillaje correcto y vistieses con el último grito de la moda tu vida sería maravillosa. Sin embargo, para la mayoría de nosotros, esto no es así.

Simplifica, simplifica, simplifica.

Henry David Thoreau

Tienes que aceptar el hecho de que no puedes tener todo lo que quieres. Quizá desees un auto nuevo con aire acondicionado y un reproductor de video para los niños, pero lo que necesitas es un medio de transporte seguro y confiable. Quizá anheles una casa nueva con más habitaciones y alberca, pero lo que necesitas es abrigo: un entorno cómodo en un vecindario seguro. Tal vez quieras un nuevo guardarropa, pero lo que necesitas es ropa útil y bonita que se adecue a tus diversas actividades.

Vive con sencillez para que otros, sencillamente, puedan vivir.

Gandhi

Para vivir una vida de calidad, necesitas distinguir entre tus deseos y tus necesidades. Las necesidades son las cosas esenciales para tu supervivencia y crecimiento. Por ejemplo, tanto la comida como la vivienda, el agua y la ropa son sin duda alguna necesidades. Los deseos son lo adicional —las cosas que satisfacen tus antojos—.

> ### Alimento para el pensamiento
>
> En vez de pensar en la persona que tiene más que tú, dedica tu tiempo a pensar en aquellos que tienen menos. Esto te hará ser más agradecida —y quizá también más generosa—.
>
>

Con esto no queremos decir que debas mudarte a una cabaña en el bosque, vender todas tus posesiones terrenales, producir tus propios alimentos y fabricar tu propia ropa. Tan sólo te sugerimos que pienses cómo simplificar tu vida justo donde ahora te encuentras. La sencillez tiene que ver con desechar de tu vida las cosas que ya no te sirven, abandonar las actividades que sólo agotan tu energía y, sobre todo, modular tu actitud.

La sencillez es algo extremadamente personal. Lo que para unos es simple quizá no lo sea para ti. Mientras que una persona tal vez considere su teléfono celular como un instrumento que facilita su vida, otra podría decidir que no es más que una molestia que debe irse. No hay regla que indique cuántas mudas de ropa debes guardar en tu armario, ni si deberías o no tener un DVD, ni si habrías de conservar el jarrón que te regaló tu tía abuela. Tan sólo es cuestión de eliminar las posesiones, actividades y hábitos que consumen tu tiempo y energía para que puedas enfocarte en lo que de verdad importa.

Tener demasiado o demasiado poco disminuye nuestra capacidad de vivir la vida en toda su plenitud. Sólo si conoces la diferencia entre lo que quieres y lo que necesitas puedes empezar a reducir los excesos y encontrar un punto medio. Por medio de la sencillez descubres las maneras en las que el consumo, la actividad, las posesiones y los hábitos obstaculizan tu vida.

La sencillez es nuestra liberación de la confusión emocional. No hay reglas, planes o medidas externas que te digan

Preguntas que conviene hacerse

· ¿Tengo todo lo que necesito en este momento?
· ¿Se ha vuelto más importante mi estilo de vida que mi vida?
· ¿Qué entiendo por simplificar?
· ¿Qué beneficios puede traerme el hecho de vivir de manera más sencilla?

cómo actúa la sencillez en tu vida. De ti depende determinar si lo que tienes impulsa o impide lo que en verdad es significativo para ti.

Con sencillez, tu vida se vuelve más clara, menos complicada, más directa y menos ostentosa. A medida que simplifiques tu vida, experimentarás mayor paz interior, un uso más consciente de tu tiempo, menos confusión, menos compromisos y rutinas más ordenadas.

Elige la sencillez de pequeñas maneras. Tan sólo da un paso en dirección a la simplificación, ya sea por posponer tus viajes de compras, rehusar una cita para cenar, reducir las actividades extraescolares de los niños o vaciar tu armario. Es una disciplina exigente, pero bien vale la pena el esfuerzo. Simplificar tu vida es un proceso que lleva tiempo. Después de todo, tu vida tardó años en volverse complicada, y no se convertirá en lo contrario en sólo un día o en una semana.

Simplifico mi vida y disfruto los beneficios de tener más tiempo y una mayor paz interior.

Herramienta básica:
El cuestionario del comprador

Antes de comprar algo, hazte las siguiente preguntas:

¿En verdad lo necesito?
¿Con qué frecuencia lo usaré?
¿Dónde lo pondré?
¿Es algo que de verdad mejorará mi vida?

🍵 Un lugar tranquilo

Hoy encontré un lugar tranquilo entre todo el ajetreo de mi vida. No pensaba buscarlo ahí y, en realidad, yo no lo encontré. Él me encontró. Todo este tiempo, ese lugar tranquilo que anhelaba estaba dentro de mí.

Una tarde fría y con fuerte viento, estaba yo sentada, con los pies sobre la mesa de centro, frente a una crujiente chimenea y con mi hija de dos meses recostada boca arriba cerca de mis pechos, dormida en mis brazos. Mi otra niña, de tres años, dormía al lado de nosotras, aún sujetando una botella de leche con chocolate que, inclinada, derramaba poco a poco gotitas al exterior del sillón. Nuestro perrito, acurrucado en una esquina, dormía un profundo sueño. Yo podía escuchar las pequeñas inhalaciones y exhalaciones de sus caninos ronquidos. Al fin, un lugar tranquilo al que podía ir para reposar mis pies y relajarme, tomar decisiones, planear vacaciones, disfrutar el nuevo color de la sala, reflexionar sobre los errores, sonreír por los triunfos y agradecer a Dios por los muchos milagros que he presenciado en mi vida.

Justo en aquel momento de felicidad, descubrí que mi vida es justo como yo siempre quise que fuera. Claro que tuve muchos sueños cuando niña, ambiciones y metas que me fijé y a las cuales me aferré. Quise ser *maestra, escritora, bailarina*. Y aunque nunca lo expresé, en verdad quería ser mamá. Pero no cualquier mamá. Quería ser la mamá que todos los chicos del vecindario conocieran, quisieran y tutearan. Quería ser el tipo de mamá a quien no le importa si su hijita corre por entre las rociadoras del jardín en una cálida tarde de verano y moja su ropa por el puro placer de hacerlo. Quería interrumpir mi carrera en pleno apogeo para estar en casa con mis hijos y ver todas las maravillas de su mundo justo al momento de descubrirlo. Visualizaba cómo les leería los libros del doctor Seuss y Amelia Bedelia, todos sentados muy juntos bajo las cobijas mientras sorbíamos chocolate caliente. Anhelaba compartirles mis errores y defectos para que ellos no se sintiesen menos de lo que son ni creyesen que debían ser perfectos. Imaginaba que gritaba: "¡Buen trabajo!", desde las butacas durante sus partidos de fútbol, presentaciones de danza y discursos públicos. Imaginaba muchos abrazos, besos y *tequieros* sin ninguna razón en especial, varias veces al día. Pero no sabía que convertirme en mamá me iba a permitir ser todo eso y mucho más.

Como *maestra*, enseñar a mis hijas a aceptar a las personas tan hermosas que son y las mujeres en quienes se convertirán es un regalo y una bendición que no se pueden explicar. Instruirlas acerca de la vida, el mundo, nuestra familia, los valores, el amor, la música, los atardeceres, los besos del perrito, por qué se derriten los copos de nieve, la autoestima, el respeto a sí mismas, los sueños y las decepciones, es algo que me llena con un sentido de propósito, significado y amor que ninguna posición o salario podrían eclipsar.

Como *escritora*, mis hijas me inspiran a cavar más a fondo en las profundidades de mi propia niñez, a fijarme en la niña que aún llevo en el corazón y a expandir los alcances de mi mente para expresar lo que mi alma ya no puede contener. Para mi sorpresa, como madre escribo mucho más que antes de tener a mis hijas. Me he sentido inspirada para escribir sobre cosas mucho más cercanas a mi corazón, lo cual siempre produce una mejor escritura. Incluso he publicado varios relatos cortos con la esperanza de que al compartir mis experiencias, buenas y malas, como madre, hija y mujer, pueda inspirar a alguien más.

A Jessica, mi hija mayor (tiene tres años), también le encanta bailar. Por eso, cada vez que podemos, encendemos el tocadiscos compactos de la cocina, y mientras hacemos galletas, comemos o vaciamos la máquina lavatrastes, nos empapamos de sudor al bailar viejos éxitos de mi época estudiantil y también algunos nuevos. Justo ahora, nuestra canción favorita es "The Game of Love" de Carlos Santana y Michelle Branch.

Quizá para algunos mi vida parezca simple, pero para mí es mucho más rica de lo que nunca imaginé. Sé que si hace veinte años se me hubiese pedido que describiera mi vida ideal, no sería como lo es hoy.

Pero, ¿qué la hace tan maravillosa? Hacer fogatas todas las noches de invierno, jugar juegos de mesa y rompecabezas y escribir con gis en la acera. Oír cómo mi esposo se prepara para ir a trabajar en la mañana, su amoroso beso en mi mejilla antes de salir de la puerta. Desvelarme por leer un buen libro mientras mi familia está en un profundo sueño. Despertar para encontrar sonrisas amodorradas, palitos de waffle y a Bob Esponja. Empujar a Sophie en su carriola con Jessica tomada de mi mano mientras atravesamos el estacionamiento hacia la heladería de Baskin-Robbins. Recoger rocas en la playa, buscar la luna, escuchar a mi hija orar, mirar a mi recién nacida sonreír mientras duerme. Sentir cómo mi esposo me acerca hacia él durante la noche. Y, saber lo que significa ser mamá, esposa, *maestra, escritora* y *bailarina*.

Beverly Tribuiani-Montez

LECCIÓN DE VIDA #3:
SANTIFICA LO ORDINARIO

Muchas mujeres van despreocupadas por la vida o absortas en sus problemas, hasta que una crisis o una vaga agitación interior las hace detenerse el tiempo suficiente para que enfoquen su atención en el significado más profundo de sus vidas.

Como haces una cosa, es como haces todo.

Dicho Zen

Cambia de perspectiva —cambia tu conciencia para ver lo sagrado en lo mundano—. Cualquiera que sea tu religión o creencia, tu espiritualidad no debe ser algo a lo que dediques sólo unas cuantas horas programadas cada semana. Debe abarcar cada día y cada minuto de tu vida.

Los niños son nuestros mejores maestros. Ellos nos muestran nuestras propias oportunidades para crecer (las queramos tomar o no). Si así lo decidimos, cualquier relación, situación o circunstancia puede fungir como nuestra maestra.

Consciente
Despierto y conocedor del entorno y la identidad propios.

Quizá pienses que el aprendizaje es una actividad circunscrita al salón de clases, pero ¿por qué no considerar la vida como un seminario permanente (24/7: las veinticuatro horas de cada uno de los siete días de la semana)? Usar la vida como maestra tiene que ver con poner atención a todo lo que ocurre durante el día. Es cuestión de estar atento a las interacciones, las reacciones y lo que ellas te dicen acerca de ti y de tu vida. Buda dijo a sus discípulos: "Sé una luz para ti mismo".

Convierte las labores más rutinarias en oportunidades para la contemplación. Mientras recoges la ropa de tus hijos, lavas los trastes, hablas con el cartero o pasas la aspiradora por el piso, puedes convertir todo esto en algo sagrado al realizarlo con cuidado, consideración y compasión. Al igual que con cualquier otra cosa, debes comprometerte a diario con esta manera de vivir. No puedes hacerlo así una vez y después olvidarlo. Esto requiere de esfuerzo y dedicación.

Queremos proponerte un reto. ¿Por qué no ver que Dios está en todo? En los alimentos que cocinas para tu familia, en la ropa que lavas, en los besos de despedida que das a tu hijo o hija cuando se van a la escuela. Si te detienes un momento y lo piensas, ¿no sería tonto pensar que Dios sólo está presente en un templo y no en todas partes, en todo?

Todo lo que haces importa —sí, todo—. Ningún acto es demasiado pequeño o insignificante. Debes vivir como si ésta fuera la verdad. Cuando lo hagas, tu vida se convertirá en tu práctica espiritual.

Cada interacción que tengo, cada tarea que realizo,
cada cosa que hago importa.

☕ La mesa del comedor

La caoba color café oscuro de la mesa del comedor estaba bruñida con la suave pátina de los años y del cuidado amoroso. Si la madera pudiese hablar, contaría las historias de las cenas dominicales, fiestas de cumpleaños y cientos de otras celebraciones familiares desarrolladas a lo largo de cuatro generaciones. Krista recordaba bien la primera vez que se sentó a esta mesa, en la casa de su futura familia política, la fascinación de pulirla en su propia casa cuando era joven esposa. Visualizó a cada uno de sus hijos uniéndose al círculo familiar alrededor del mueble, primero en sillas para bebé, luego en sillas para muchachos y, por último, en *sillas grandes*. ¡Cuántos cumpleaños, navidades, días de Acción de Gracias habían compartido con munificencia sentados alrededor de esa mesa!

En unos cuántos días, la mesa se mudará de nuevo. Regresará con el ahora ex esposo de Krista, a una casa y una vida nuevas. Ella descubrió que, de entre todas las pertenencias que se habían dividido, ésta era la que más le dolía perder. Para ella, representaba a una familia reunida —tradiciones, continuidad (las cosas que ya no le pertenecían)—. Ella no podía imaginar cómo se iban a sentir sus hijos cuando llegara la mudanza. Había logrado reacomodar los muebles en otras habitaciones, rellenando huecos. Pero cuando la mesa del comedor salió, dejó un hoyo enorme —uno que ella no podía llenar—. No obstante, se preguntó, ¿por qué no se podría tener un nuevo lugar para convivir y compartir —dos aspectos de lo que aquella mesa representaba—?

Y de repente, ¡lo supo! "Vengan al comedor", gritó a Betsy —de doce años—, Ben —de catorce— y Karen —de casi diecisiete—. Cuando se sentaron alrededor de la mesa con mirada curiosa, ella les dijo: "Ustedes saben que esta mesa perteneció a los abuelos y bisabuelos de su padre, así que él se la llevará. Todos nosotros pasamos muy gratos momentos alrededor de esta mesa y le haremos una fiesta de despedida el domingo por la noche. Quisiera que cada uno de ustedes invitase a sus dos mejores amigos. Y ahora, planeemos el menú..."

La noche del domingo llegó rápido. Pronto hubo doce personas reunidas alrededor de aquella antigüedad, con sus manteles extendidos una vez más en señal de bienvenida. Tres chicos de secundaria, seis preparatorianos y tres adultos compartieron historias sobre fiestas de cumpleaños, cenas, sesiones de tarea, la redacción de cartas románticas y la envoltura de regalos. Rieron. Recordaron.

Justo antes del postre, Krista pidió a todos que ayudasen a despejar la mesa por completo. Cuando estuvo vacía y reveló su exquisita superficie, doce pares de manos la llevaron a la cochera. Luego doce pares de manos cargaron la *nueva* mesa de segunda mano que Krista y los chicos habían descubierto en una tienda de ofertas, y la llevaron al comedor. Con cuidado, la cubrieron con los más finos manteles, cubiertos y vajilla, junto con toda una colección de adornos que cada uno había creado de manera individual para esa noche. Encendieron velas, pusieron música y acomodaron las sillas alrededor de la mesa.

Krista levantó su copa y miró alrededor del círculo. "Quiero proponer un brindis, ¡por los amigos que amamos, quienes convierten nuestra mesa en un *lugar de celebración*! ¡Y por todas las celebraciones que vengan!"

Aquella fue una gran celebración. Un final, una continuación —y un nuevo comienzo—.

Kay Collier McLaughlin

Lección de vida #4:
Ve lo positivo

¿Cuántas veces te has enfurecido con tu ex esposo o tu jefe? ¿Cuántas veces te has sentido decepcionada por un amigo o familiar? No te preocupes —todos nos sentimos así de vez en cuando—.

La próxima vez que tengas estos sentimientos, en lugar de desear que desaparezcan de tu vida, ¿por qué no considerar estas interacciones como un catalizador? Pregúntate: ¿Desafía mi autoridad esta persona cuando cuestio-

La verdadera medida de un hombre es cómo trata a alguien que no puede hacerle un bien en absoluto.

Samuel Johnson

na mis decisiones? ¿Me exigen más de lo que estoy dispuesta a dar? ¿Por qué no utilizar estas relaciones para fortalecerme en mis convicciones y ponerme de pie por mí misma?

Tú eliges cómo quieres evaluar cada situación. Puedes ver el enfado como una molestia inmerecida o como una oportunidad. Aunque quizá sientas estas interacciones más como un desgaste que como una manera de crecer, puedes elegir usarlas para pulir tus lados ásperos y fortalecerte. La elección está en tu actitud. Esto implica realizar un cambio importante en tu manera de pensar, pero verás que los resultados de este esfuerzo bien valen la pena.

En Francia, el filósofo Gurdjieff fundó una comunidad espiritual. Entre sus discípulos vivía un anciano que a todos desagradaba. Aquel hombre peleaba con todos, se negaba a participar en la manutención de la comunidad y era grosero y pendenciero. Después de varios meses, el hombre se cansó del trato que recibía, empacó sus cosas y se fue a París. Todos los miembros de la comunidad sintieron un gran alivio, menos Gurdjieff.

Buscó al hombre y le ofreció pagarle una suma mensual si regresaba a la comunidad. Cuando Gurdjieff regresó con el hombre, todos se horrorizaron. Cuando se enteraron de que al hombre le pagaban por sus malos modales mientras ellos pagaban por una rígida preparación para ser parte de la comunidad, se enfurecieron.

Tras oír las quejas, Gurdjieff respondió: "Este hombre es como levadura para el pan. Sin él aquí, ustedes en verdad nunca aprenderían sobre el enojo, la irritabilidad, la paciencia y la compasión. Por eso ustedes me pagan y por eso fue que lo contraté".

Las personas que más te molestan y te parecen más difíciles de tratar suelen ser tus mejores maestros. Quienes te parecen más exasperantes te ofrecen una oportunidad para volverte más introspectiva y despierta. La próxima vez que te encuentres en una situación difícil —donde eches pestes contra algún colega o estés a punto de gritar en la cara a tu cónyuge, pareja o hijo—, pregúntate: "¿Qué puede enseñarme esta persona?"

Todos tenemos experiencias que preferiríamos haber evitado —conflictos laborales, retrasos en los vuelos, enfermedades y dificultades económicas, por nombrar sólo algunas—. A éstas podemos llamarlas *regalos en envoltura negra* —regalos que llegan a nosotros los queramos o no—.

Una de las más cosas magníficas de los seres humanos es que tenemos la capacidad de elegir. Quizá no puedas cambiar las circunstancias externas, pero puedes elegir cómo percibir una situación y cómo manejarla. El problema no es el problema sino cómo enfrentas una situación, y esto la vuelve positiva o negativa. Los hechos en sí mismos pueden ser buenos o malos. Lo importante es qué haces de ellos. Si decides vivir tu vida de manera más consciente, entonces todo —sí, todo— se vuelve una oportunidad para el crecimiento y la transformación.

Una de las características de la madurez es reconocer que el resultado de cualquier situación dada es mucho menos importante que tu manera de enfrentar el reto. La próxima vez que te encuentres en una situación delicada, proponte extraer de ella hasta la última pizca de significado —no importa cuán decepcionante, desagradable o desalentador resulte—, cualquiera que éste sea. Aprovecha todo en tu vida para aprender más sobre ti.

Aprovecho todo lo que hay en mi vida para aprender más sobre mí y producir más de las cosas que quiero.

Herramienta básica: Revisión diaria de tu día

Antes de irte a dormir, siéntate en silencio y recorre cada una de tus experiencias del día. Detecta cualquier área que te moleste o altere y piensa en la comprensión que puedes obtener de la situación. Ahora considera cinco situaciones o circunstancias en tu vida que consideres negativas o problemáticas. Reármalas de modo que puedas pensar en los beneficios que has ganado al lidiar con cada una. Dedicar a esto unos cuántos minutos al final de la jornada te da tiempo para calmarte y apreciar las lecciones que te brinda cada día.

Un momento de cambio

Es muy fácil perdonar a los otros sus errores;
se necesita mucho más valor y audacia
para perdonar a los demás
por haber sido testigos de los tuyos.

JESSAMYN WEST

Cuando todo se deshiló en nuestro matrimonio de veinticinco años y mi esposo se fue del único hogar que nuestra hija había conocido, sentí un enorme alivio de que ella, nuestra única descendiente, contara ya con veinte años —eso facilitó todo o al menos eso pensé—. Como ella ya no era menor de edad, no tuve que negociar su custodia y manutención, ni soportar que él viniese a verla, ni que tratara de explicar lo inexplicable a una niña pequeña. Sin embargo, me sentí aliviada sobre todo porque pensé que a su edad le iba a resultar menos complicado en lo emocional. Ella vivía en el colegio universitario, era una adulta joven y no tenía que lidiar con las dificultades diarias o la alteración emocional derivadas de la separación de sus padres.

En un intento por asegurarme de que mi profundo dolor no afectara la relación de ella con su padre, les había dicho que, a partir de aquel momento, la naturaleza y calidad de su relación dependería sólo de ellos. Yo ni me interpondría ni la favorecería. Traté de sentirme contenta cuando vi el número de teléfono de él en el recibo telefónico de su dormitorio en el colegio, pero debo confesar que en algunas ocasiones de aquellos primeros días de separación tuve fantasías de venganza y deseé, con vergüenza, poder ser uno de esos padres divorciados que usan a sus hijos para desquitarse de un ex cónyuge. Mi rabia disminuyó en intensidad durante los meses siguientes, pero en ocasiones se encendía al rojo vivo de manera breve e inesperada por razones que sigo sin entender. En esos momentos, ejercí esa notable capacidad que muchas mujeres tienen para fingir: tras una fachada de complacencia y serenidad, escondía un horrible nudo de dolor y enojo que reclamaba atención como la leche cuajada reclama su expulsión desde un estómago irritado.

Los meses siguientes, observé a mi hija casi siempre a distancia, mientras ella se concentraba en sus estudios, ingresaba en una hermandad, formaba nuevas amistades, jugaba en el equipo de tenis del colegio, se iba a esquiar en hielo, a acampar, a pasear en lancha y a la playa con sus amigos, y se enamoraba y desenamoraba. Por supuesto, a veces me preguntaba qué impacto habría tenido en ella el final del matrimonio de veinticinco años de sus padres. Por lo que podía ver, el fuerte espíritu de mi hija, su sentido de independencia, su confianza propia, buen humor y entusiasmo por la vida le ayudaban mucho. Después de un tiempo, incluso me felicité por haber manejado las cosas de una manera que la habían dejado casi ilesa.

La realidad pegó fuerte una noche durante sus vacaciones de Navidad, seis meses antes de su graduación del colegio. Fue entonces que mi hija me enseñó una importantísima lección: cuando una pareja se divorcia, sus hijos cambian para siempre, sin importar su edad o situación de vida. Aquella noche, mientras estábamos sentadas a la mesa del comedor de mi nueva casa, a la cual ninguna de las dos logra aún acostumbrarse, me contó con cierta reserva que temía ir a su graduación del colegio.

"Asistirán las familias de todos mis amigos, y habrá cenas y recepciones todo el fin de semana", me dijo, y puso sus codos sobre la mesa que su padre había pulido y barnizado cuando ella era pequeña. "Y cada vez que ves a papá o hablas de él, lloras y te entristeces. No puedo invitar sólo a uno de ustedes. Ambos son mis padres. Eso me hace no querer graduarme".

Sentí como si me hubiese golpeado algo muy grande y duro. Me quedé sin aliento. Y luego las lágrimas —las malditas lágrimas— empezaron a resbalar por mis mejillas hasta caerme en el pecho. Sentía mucho calor y la luz sobre la mesa parecía girar y brillar mientras luchaba por guardar la compostura. Me sentía aturdida y molesta —aturdida por descubrir cuán profundamente mis lágrimas involuntarias habían afectado su vida y alma, y molesta de que mi apego a la tristeza y al sentimiento de pérdida fuesen responsables de su deseo de evadir un momento tan decisivo en su vida—. No creí ni por un segundo que ella tuviese la intención de perderse los festejos, pero me devastaba saber que ella veía mi duelo continuo como una inevitable nube negra sobre la semana de su graduación.

Siempre creí que las acciones seguían a los pensamientos. Entonces apareció algo que pondría a prueba esta creencia. "Sé que no fue fácil decir eso", logré murmurar. Tras una pausa y un gran suspiro, continué, con un aire de determinación en la voz que en el fondo no sentía. "Faltan seis meses para la graduación. Tú sabes que tu papá y yo te amamos y no queremos que tu graduación y todos los momentos especiales en tu vida se estropeen por lo que pasó entre nosotros. Te prometo que en el fin de semana de tu graduación, no tendrás que temer que yo me ponga a llorar. Estaremos bien".

Y lo estuvimos. Sí hubo lágrimas aquel día, pero fueron las que compartí con mi ex esposo cuando, tomados del brazo, nos levantamos del asiento para ver cómo la hija que criamos atravesaba el escenario y recibía su diploma. Él incluso llevó un pañuelo adicional para mí, tal como lo había hecho durante todos esos años en que estuvimos casados. Fue ahí cuando supe que mi decisión de pasar tiempo con él tras la triste confrontación en la mesa del comedor había valido la pena. Al *practicar* nuestra capacidad de ser cordiales y amigables, al compartir las conversaciones cotidianas y los alimentos y al explicarle por qué hacíamos esto, yo había logrado superar mi reacción automática: el llanto. Creo que en verdad acabamos por pasarla bien juntos; y no tardé mucho en comprender que el perdón había entrado en mi corazón y suavizado ese duro nudo de rabia y dolor.

Aquél fue un momento de cambio —no sólo para nosotros tres sino para todos nuestros familiares y amigos—. Ahora mi hermana, mi madre y mis amigas podían llevarse bien con él sin sentir que me eran desleales. La cordialidad y amabilidad que sentimos surgir ha continuado desde entonces, lo cual hizo que las visitas posteriores a nuestra hija fuesen más placenteras para todos. Y ahora nos encontramos inmersos en la planeación de otro momento decisivo: la boda de nuestra hija. El próximo otoño, mi ex esposo y yo nos volveremos a sentar lado a lado, esta vez en los bancos frontales de la iglesia, y quizá volvamos a compartir un pañuelo.

Una maestra muy querida me dijo una vez: "El perdón puede ayudar más al perdonador que al perdonado". Y tenía razón.

Susan Carver Williams

Lección de vida #5
Aprende a perdonar

Vivir una vida que amas significa esparcir el amor, la compasión y el perdón a todo el mundo. A medida que aceptas tus propias imperfecciones —las formas en que te has decepcionado y fallado a ti misma—, descubres una mayor comprensión y aceptación de ti misma. Cuando te das cuenta de que, al igual que todos, tú también puedes provocar dolor, hablar con violencia y cometer errores, entonces empiezas a ser más clemente contigo y con los demás.

Tú te has enfadado con tus padres, hermanos, cónyuges, hijos o amigos. Pero, aceptémoslo, no podrás hacerlos rehacer el pasado. Tú tienes una opción. Puedes aferrarte a tu enojo y permitir que envenene tu vida, o puedes encontrar una manera de desprenderte de viejos rencores.

Perdonar a quienes te han herido no es poca cosa. Pero cuando tú te pones en sus zapatos y entiendes que la desesperación, el miedo o la ignorancia ha sido el origen de sus acciones —cuando en verdad ves la posibilidad de que tú también pudiste haberlo hecho, o que has hecho algo similar— se vuelve más fácil perdonar.

Cuando te rehúsas a perdonar es porque te crees menos defectuoso que el resto de la humanidad. El perdón te insta a aceptar que eres igual que otros seres humanos que hacen las co-

Ningún copo de nieve se siente responsable de causar una avalancha.

Voltaire

sas lo mejor que pueden con lo que saben en ese momento. Para perdonar, necesitas abrir tu corazón al sufrimiento de los demás.

Yo perdono a quienes me han lastimado y experimento una libertad y una curación mayores.

☕ Contar las vueltas

....

La gratitud nos da entrada a la plenitud de la vida.
Hace que lo que tenemos ahora nos baste y nos sobre...
Puede transformar una comida en un banquete, una casa
en un hogar, un extraño en un amigo.

MELODY BEATTIE

En 2002, mi papá, mi hermano, mi hermana y yo compramos un pequeño apartamento en condominio en Florida. Como mis recursos son escasos, mi cooperación casi agotó el dinero de mi jubilación, pero yo soy fiel al principio de que debes seguir tus sueños mientras aún estás despierta. Además, yo nací en Tallahasse dos meses exactos antes de que terminase la Segunda Guerra Mundial, y siempre he pensado que Dios quería que yo naciera en Florida, a pesar de que mis papás regresaron a Illinois, su estado natal, tres semanas después de mi nacimiento y desde entonces he vivido en el norte del país.

De todos modos, cada vez que puedo escaparme al apartamento familiar me siento más feliz que un amante de las flores en un campo de orquídeas. Florida ha atrapado mi corazón. No importa cuántas veces haga el viaje, siempre quedo fascinada cuando llego a la tierra del sol, la arena, el mar, el surfing y las piscinas.

La gran piscina del condominio está al lado del Intracoastal Waterway, a una calle del Golfo de México. Nado todos los días. A veces nado dos o tres veces al día. Y cada vez que estoy en la piscina, en verdad me meto al agua, no como la mayoría de las personas que se sientan en las bancas a leer, charlar o dormir. Yo no. Voy a la alberca a nadar y suelo permanecer en el agua por entre una hora y media y dos horas cada vez, y doy varias vueltas a la piscina. Siempre procuro completar treinta medias vueltas o quince vueltas completas en cada sesión. A veces hago el doble.

El problema con las vueltas completas es llevar la cuenta. Mi mente divaga. *¡Mira! Hay un delfín que salta hacia fuera del canal del Intracoastal.* O tres o cuatro amigos del condominio entran a refrescarse y parloteamos cada vez que regreso al extremo superficial de la alberca. O quizá, cuando nado de dorso, un pelícano, gaviota, garza o airón pasa por ahí para mi deleite y pierdo la cuenta de mis vueltas.

Mi prima Meta tiene una solución para llevar la cuenta de las vueltas. Ella camina alrededor del circuito de entrada a su casa, de un octavo de milla, veinticuatro veces cada mañana con su vecina. En aquel camino, Meta colocó una gran lata de café que tiene dentro veinticuatro piedrecillas. Cuando comienza su caminata, guarda las piedras en la bolsa de su abrigo y tira una en la lata cada vez que concluye una vuelta. Mientras estas dos mujeres hablan sobre cualquier cosa bajo el cielo de Cincinnati, saben con certeza cuando han concluido sus tres millas.

Pero en mi traje de baño no hay lugar para treinta piedritas. La solución me llegó un día cuando me sentía especialmente feliz por estar en esa piscina bajo un cielo tan azul en un glorioso día floridano de ochenta grados. Empecé a agradecer a Dios por todas mis bendiciones. *¡Ya está! Pensaré en bendiciones específicas que tienen una importancia particular en mi vida y que relacionaré con el número de la vuelta en la que estoy.*

Uno: Un Dios me dio la vida, y depende de mí aprovechar esa vida al máximo. Nado lateral, nado de pecho, crol. Alabo a Dios por haberme dado tantas bendiciones. Yo, una madre soltera que marcha por la vida como mujer sola, sin pareja. Gracias Dios por darme la vida.

Dos: En esta vuelta pienso en lo afortunada que soy de tener dos hogares y de que mi hermano, mi hermana, sus familias, mis padres y yo seamos tan cercanos que podamos hacer que un apartamento vacacional en copropiedad funcione de maravilla para todos nosotros. Dos hogares, uno muy al Norte, uno muy al Sur. ¿Qué más podría pedirte, Señor?

Tres: La vuelta número tres es acerca del trabajo que hago. De nuevo, el Señor me ha bendecido con un trabajo que me encanta. Tres empleos de medio tiempo en lugar de uno sólo absorbente y estresante. Escribo, hablo, pinto jarros. Gano un poco de dinero con cada trabajo, lo suficiente para sobrevivir. Mucha libertad. Nado de pecho, nado de rana. Gracias Dios por darme la capacidad de realizar estos trabajos y amarlos tanto.

Cuatro: Mis cuatro críos —dos hijas, dos hijos—. Los hijos que han llenado mi vida de alegría, y a veces de angustia. Pero, ¡qué bendiciones dan los hijos! Mientras nado de mariposa hacia el otro extremo de la piscina, pienso en cada uno de ellos. En el reciente matrimonio de Jeanne y su mudanza a California. En las batallas de Julia como madre soltera. En la ajetreada vida de Michael en la banda de la universidad y en su familia en aumento. En la determinación de Andrew de graduarse en el colegio universitario mientras trabaja en el empleo de sus sueños para el canal ESPN Deportes. Cuatro vidas interesantes. De repente, he concluido esta vuelta.

CINCO: Me pregunto qué bendición puedo agradecer que esté conectada con el número cinco. A veces es difícil pensar en algo para un número en particular. Un día en la piscina recordé que tengo cinco pares de sandalias en el armario del apartamento. ¡Guáu! Señor, gracias por la variedad del calzado con que me has bendecido. Al día siguiente, mientras practicaba el nado de costado de un extremo a otro de la piscina, alabé al Señor por una sabrosa ensalada de cinco frijoles que preparé para los cinco amigos que la comieron.

SEIS: Seis nietos. Tres rubios. Tres pelirrojos. Hailey, Casey, Riley, Hannah, Zachary y Chloe. Mi vuelta favorita es la número seis. Imagina cuán ameno es pensar en las gracias de seis personitas atadas tan fuerte a las cuerdas de tu corazón que a veces piensas que estallarás de felicidad.

SIETE: Los siete mares. Como nadadora, dedico tiempo a nadar de dorso durante la séptima vuelta y recuerdo todos los maravillosos lugares donde he nadado —el Océano Atlántico, el Pacífico, el Caribe azul, el Golfo de México, las cálidas aguas de Kauai, Oahu y la gran isla de Hawaii. Señor, gracias por los siete mares, los océanos, los ríos, lagos y estanques. Gracias por el agua.

OCHO: Una ocasión en que realizaba la vuelta número ocho, empecé a pensar sobre la figura de ochos en el patinaje sobre hielo. No había patinado en hielo por años y nunca pude hacer un ocho, pero aún cuento mis bendiciones por toda la diversión de los deportes invernales que gocé en mi norteña juventud.

Nueve: Lo primero que me vino a la mente cuando llegué a la vuelta número nueve fueron *nueve vidas*, el número de vidas que se cree que tienen los gatos. A menudo, cuando estoy en Florida, mis amigos Wally y Shirley están de vacaciones en algún otro lugar, de modo que yo me hago cargo de sus gatos, Bubba y Boomer. Los *chicos*, así los llamo yo. Nuestra relación es tan buena que se ha hecho famosa. Siempre estoy contenta cuando me toca atenderlos, pues así me hacen compañía. Señor, por favor concede a Bubba y a Booomer al menos nueve vidas.

Diez: Esta es la vuelta en que examino mi conciencia. Los diez mandamientos resultan muy útiles aquí. Los repaso uno por uno y trato de decidir si he explotado o si necesito disculparme con alguien por algo.

A veces sólo doy diez vueltas. A veces veinte. Ahora que he descubierto cómo llevar la cuenta, mi tiempo en la piscina ha adquirido vida propia. Cada día salgo de ella como una persona nueva ... con las bendiciones contadas, las oraciones dichas, la conciencia examinada, la vida evaluada, la actitud ajustada y el ejercicio concluido.
¡Arrójate! ¡El agua está perfecta!

Patricia Lorenz

Lección de vida #6:
Agradece tus bendiciones

En Tailandia, existe una antigua costumbre para expresar gratitud. En los jardines de los templos de todo el país, hay cientos de cuencos de latón. Cada persona que pasa junto a un cuenco de ofrendas arroja dentro una moneda. Cuando la moneda suena, la persona dice algo por lo cual está agradecida.

Una mujer estadounidense visitó una vez uno de estos templos, y mientras se paseaba por los jardines del recinto, siguió esta costumbre. Cuando se detuvo frente al primer cuenco, dijo: "Estoy agradecida por mi familia". Cuando se detuvo frente al segundo: "Estoy agradecida por mi salud". Frente al tercero, cuarto y quinto, expresó gratitud por su amor a la música, el mundo natural y su vida espiritual. Entonces entró en pánico.

La mujer vio innumerables cuencos frente a ella y temía que se le hubiesen agotado las razones para estar agradecida. Se detuvo por un momento mientras escudriñaba en su mente para encontrar otra bendición. Después de unos cuántos minutos, la mujer había hallado todo un mundo de cosas en su vida por las cuales estar agradecida. Con este nuevo descubrimiento, la mujer se acercó al siguiente cuenco, y luego al siguiente, y así hasta completar el proceso.

Es inevitable que cuando uno tiene una gran necesidad de algo, lo encuentra. Lo que necesitas lo atraes hacia ti como un amante.

Gertrude Stein

La mujer decidió que antes de regresar a casa compraría un cuenco de latón. Hasta la fecha sigue el mismo ritual. Cada mañana, agradece las pequeñas bondades, las pequeñas y apenas advertidas bendiciones de la vida cotidiana. Como resultado de esta experiencia, descubrió que las bendiciones están en todas partes donde decida buscar. Simplemente le faltaba aprender a reconocerlas.

Con demasiada frecuencia, te enfocas en lo que no tienes, lo que no puedes conseguir o lo que falta en tu vida. Quieres más cuando ni siquiera aprecias lo que ya tienes. Cuando cambias la perspectiva, puedes ver cuántas cosas tienes por las cuales estar agradecida.

Siempre que reconozcas la riqueza de tu vida, detente por un momento y da las gracias. Da gracias a la vida misma. Da gracias por todos tus recursos —tu capacidad para ver, oír, gustar, tocar, hablar. Tu capacidad para pensar, sentir, amar, reír—. Existen muchas cosas por las cuales estar agradecida. Enfócate cada día en lo que tienes —en todo lo bueno de tu vida— y expresa tu gratitud. Con esta sencilla práctica, tu vida se enriquecerá una inmensidad.

> **Preguntas que conviene hacerse**
>
> · ¿Están cubiertas mis necesidades básicas?
> · ¿Poseo techo, comida y ropa?
> · ¿Tengo familiares y amigos en quienes apoyarme?
> · ¿Puedo ir al cine, ver un atardecer, escuchar mi pieza de música favorita, comer platillos deliciosos, oler la fragancia de las flores recién cortadas y sentir la tibieza del sol en mi cara?

Yo estoy siempre consciente de todas las bendiciones en mi vida.

El toque final

INVENTARIO DE GRATITUD

Haz una lista de todas las cosas que agradeces. Considera las diversas áreas de tu vida. Piensa en tu familia, tus amigos, tu hogar, tu trabajo, tu apariencia, tu educación, tus talentos, tu salud —las posibilidades son infinitas—.

Piensa en cómo cada situación, relación o circunstancia enriquece tu vida. Al hacerlo, permítete captar lo que cada una de estas bendiciones significa para ti.

Durante la próxima semana, hazte el compromiso de empezar cada día dando las gracias por al menos tres cosas que te hagan sentir afortunada. Quizá a lo largo del día reconozcas otra bendición y desees detenerte para agradecerla en silencio. Al final de la semana, fíjate cómo te sientes. Este sentido de gratitud hará que dejes de enfocarte en las carencias de tu vida y así apreciarás más lo que tienes.

COMPARTE EL AMOR

No podemos hacer grandes cosas en este mundo.
Sólo podemos hacer pequeñas cosas con un gran amor.
Madre Teresa

La celebración de una vida

Fueron las últimas tres semanas, según recuerdo, de la vida de quien fue mi esposo y compañero por casi 58 años. Sólo habían transcurrido tres semanas desde que se le había diagnosticado un cáncer pulmonar de acción rápida que ya se había extendido a su sistema linfático. Aunque se deterioraba rápidamente, estábamos decididos a cumplir su deseo de morir en casa.

Con la ayuda de un hospicio para enfermos terminales al cual llamábamos cuando necesitamos medicamentos, equipo o instrucciones, pude arreglármelas para cuidarlo. Pero no parecía haber manera de que yo conservase el ánimo y desechase mi actitud de desesperación. Hablamos sobre su muerte. Después de todo, él tenía 86 años. Habíamos aceptado el hecho. Los años que pasamos juntos habían sido muy buenos y los acontecimientos positivos predominaban sobre los negativos. Nuestros tres hijos y nuestros nietos eran una bendición y una fuente de enorme orgullo. Habíamos compartido muchas celebraciones y momentos felices y sobrevivido a la pena de perder a nuestro hijo Michael en un accidente automovilístico a la edad de cuarenta y seis años. Dejó una esposa y dos hijos que, al final, se sumaron a nuestras alegrías.

Así, al vivir cada día con la conciencia de que pronto sería el último, recorrimos juntos un último camino desconocido. A medida que veía cómo su conciencia del mundo se reducía, yo me preguntaba por la vida y sus propósitos.

Fui maestra durante cuarenta años e impartí clases a alumnos de primaria y de universidad, hasta que me jubilé. ¿Había hecho una diferencia real? ¿Tuve un efecto permanente y positivo en alguna de las vidas que pasaron por mis salones de clase? ¿Acaso mi esposo, con lo amigable y alegre que era, alguna vez brindó aliento y esperanza a alguien?

Nuestra hija Melissa había venido a pasar unos días con nosotros. Una mañana, Ray, mi esposo, había logrado sentarse a la mesa y desayunar. Lo acabábamos de devolver a su sillón reclinatorio cuando un repartidor de arreglos florales anunció su llegada. Era un grande y hermoso ramo de rosas rosadas con una tarjeta que decía:

"Señor y señora Clendenin, si yo tuviese una flor por cada vez que ustedes me han hecho reír o sonreír, tendría un jardín de flores para pasearme por él durante el resto de mi vida. Sólo deseo que sepan cuánto los amo y aprecio a los dos".

La carta no estaba firmada.

Para tratar de adivinar quién nos había enviado el presente, ¡estaba resuelta a ser amable con todos nuestros conocidos!

Melissa y yo decidimos pasar a la florería y averiguar si la omisión del nombre en la tarjeta había sido intencional o accidental. La señora de la florería revisó el recibo. No tenía nombre. Además, el servicio se había contratado desde fuera de la ciudad. Prometió hacer un rastreo para poder afirmar si el remitente deseaba ocultar su identidad.

La mañana siguiente, recibí un correo electrónico del superintendente de una pequeña escuela en Nuevo México. Decía: "Ustedes son las personas más maravillosas con que Dios nos ha bendecido desde que llegamos a los Estados Unidos".

Resulta que, cuando esa familia con ocho hijos se mudó a nuestro pequeño pueblo de Cloudcroft, Nuevo México, Miguel y su hermana compartieron el salón de clases con nuestra Melissa. Ninguno de los nuevos estudiantes hablaba inglés, pero aprendieron rápido. Pronto, Melissa y Rosa se hicieron las mejores amigas, y así continuaron durante toda la primaria, la secundaria, el colegio universitario, e incluso ahora. Toda su familia se convirtió en amiga cercana de la nuestra.

Miguel, el hijo mayor, fue el único que nació en México. Nosotros le ayudamos a obtener la ciudadanía y las prestaciones para estudiar en el colegio universitario cuando concluyó la preparatoria. Después, los ocho hijos realizaron estudios profesionales. Además de Miguel, que es superintendente escolar, otro es vicepresidente de un banco, otro es director de educación especial para tres condados, otra fue auditora bancaria (antes de retirarse para estar en casa con sus hijos), otro es comprador para una corporación de investigaciones. Los demás también han tenido éxito en la vida.

La carta de Miguel fue la primera de varias que recibimos de aquella familia.

Otras personas también empezaron a recordarnos. Un ex alumno mío me dijo: "Debí haberle dicho cuánto la apreciaba desde hace mucho tiempo. Usted me ayudó mucho como estudiante y colega. Yo soy quien soy gracias a usted y a otras personas que me han ayudado a tenerme confianza".

Otra persona, la directora de una preparatoria en Arizona, me escribió para contarme sobre el éxito de su primer año al frente de una escuela que había tenido un bajo rendimiento con anterioridad a que se le asignara el cargo. La escuela estaba dominada casi por competo por pandillas antes de que ella asumiera el control, se ganara para su causa a estudiantes y maestros y los convenciera de que la educación mejoraría su vida y que en verdad le importaban. Al final del año, cuando las calificaciones de los exámenes mejoraron a tal grado que la situación de las escuela pasó de grave a positiva, ella lo celebró junto con más de 2,300 estudiantes y maestros. El último párrafo de su carta decía:

"Recordé mis días en la universidad, cuando mi maestra de inglés no pensaba que yo fuese lo bastante buena para ser maestra. Sin embargo, usted sí lo pensaba, y abogó por mí. Usted vio algo en mí que ni yo misma veía. Usted creyó en mí cuando yo no creía, usted me dio cariño cuando yo más lo necesitaba. Usted en verdad cambió mi vida. Dicen que el impacto de un gran maestro a veces no se alcanza a ver sino hasta muchos años después. Supongo que soy una prueba viviente de ello. Y aquí estoy años después, y le doy las gracias maestra por el efecto positivo que tuvo en mi vida. ¡La quiero mucho! Gracias por salvar mi vida".

Esa joven había llegado a la Universidad Cristiana de Lubbock, Texas, desde Nueva York sin conocer a nadie ahí. Se volvió amiga de la familia y pidió a Ray que le entregara a su novio durante su boda. Nos llamaba *Papá C* y *Mamá C*.

Y hubo otras cartas. Muchísimas de ellas elogiaban a Ray por su sonrisa y su apretón de manos tan amigable, lo cual hizo que se sintiese halagado. Siempre compartía un poco de su humor y era amigo de todos.

Un hombre que había ingresado a nuestra iglesia muy joven, a regañadientes y acompañado de sus padres, decía: "El señor Clendenin era mi amigo. Me hacía sentir que yo en verdad le importaba".

Y así, el 24 de noviembre, en verdad celebramos una vida vivida, no acabada. Más de doscientas personas vinieron a celebrar y a asegurarme que nuestras vidas tenían un significado. Cantamos canciones que a él le habían gustado y cantado. Los aleluyas resonaron. Él en verdad marcó una diferencia. Sí habíamos dejado huella en algunas vidas. ¡Y lo celebramos!

A veces, aún me llegan lágrimas inesperadas, sobre todo cuando otras personas me aseguran que nuestra vida, nuestro matrimonio, fue un modelo para ellas. Mientras damos nuestra caminata matutina, hablo a mi perrito y a mi gato negro sobre los planes del día. Ellos parecen entender que somos bienaventurados.

Mary Joe Clendenin

LECCIÓN DE VIDA #1:
RECUERDA LO QUE TIENES PARA OFRECER

Uno de los mensajes principales de este libro es que aprendas a ponerte en primer lugar. Tienes que hacerte cargo de lo que necesitas antes de poder hacerte cargo de lo que otros necesitan. Sin embargo, una vez que sientes que tu vida marcha bien y que tus necesidades están cubiertas, es el momento de dedicar tu atención a ayudar a una comunidad más grande.

Después de todo, preocuparse por otros es intrínseco al ser humano. Es un reflejo. Tú vives, y por ende te preocupas por otros. Si a una mujer se le cae el bolso, la ayudas a levantar sus cosas; si una persona invidente espera en el cruce de la calle, le ofreces guía; si una colega no puede abrir su auto, te ofreces a llamar al cerrajero. Es una parte natural de ser humano. Tú vives, y por ende ayudas.

Uno debe pensar como si fuera un héroe para comportarse simplemente como un ser humano decente.

May Sarton

Cuando ocurre un desastre o una emergencia, estás dispuesta a ofrecer una mano. Todos nos unimos durante inundaciones, terremotos o incendios. Llevamos comida a un amigo cuando pierde a un ser amado. Cuidamos al hijo de la vecina cuando uno de sus padres está en el hospital. Pero no tenemos que esperar momentos de crisis para compartir nuestra compasión. Podemos —y en verdad, debemos— preocuparnos por los demás de manera regular.

Das a los demás, por obvias razones morales, pero si profundizas en ello verás que el servicio también enriquece tu vida —al dar, también recibes—. ¿Has notado que si alguien te pide ayuda y se la das aunque estés de malas, tu estado de ánimo cambia de inmediato? En esos momentos, alguien te recuerda quién eres en realidad y lo que puedes ofrecer. La persona que recibe la ayuda no es la única que se beneficia; tú también lo haces.

Trabaja y vive para servir a los demás, para dejar el mundo un poco mejor de lo que lo encontraste y para procurarte tanta paz mental como puedas. Esto es la felicidad.

David Sarnoff

La acción de dar añade una sensación de satisfacción a la vida que muy pocas experiencias pueden igualar. Cuando ayudas a otros, sientes tu interconexión con toda la vida. Sientes una afinidad, un sentido de comunidad —una probada de unidad y pertenencia—.

Pero no puedes dar una sola vez y esperar que esa acción tenga un efecto duradero. Tienes que convertir el servicio en un hábito —una parte natural de tu vida cotidiana—. Cuando de veras empieces a dar de ti, entenderás toda la verdad que hay en el dicho: "La virtud es su propia recompensa".

Yo reconozco mis dones y talentos y los uso para hacer una contribución.

☕ Canastas de Mayo

....

Siempre miré hacia fuera de mí para ver lo que podía hacer
de manera que el mundo me diese, en vez de mirar hacia dentro
de mí para ver lo que ahí había.

BELLE LIVINGSTONE

Es 1° de mayo y la tibia luz del sol al fin ha hecho florecer mis jardines. Mientras mis hijos colocan pequeñas flores en las brillantes canastas de papel que llevarán a los vecinos, me ruegan que vuelva a contarles la historia de los años en que mis hermanas y yo llevábamos canastas de mayo a la bruja.

La señora Pearson no era en realidad una bruja, pero vivía en nuestra misma calle, en una vieja cabaña gris cuyo descuidado jardín estaba rodeado por una cerca destartalada. Sus jardines, según nos contó mamá, alguna vez fueron la envidia del vecindario. Ahora, raras veces la veíamos. En Noche de Brujas, colocaba en su pórtico un cuenco con dulces y se escondía tras las desteñidas cortinas. Cuando en Navidad llegaban los cantores de villancicos a su puerta, su casa permanecía silenciosa y oscura. Pero cada año, cuando mis hermanitas y yo hacíamos canastas de mayo, mamá nos animaba a llevar una a la señora Pearson.

Nuestros otros vecinos siempre hacían gran alharaca. "Mira, Arthur", gritaba la señora Peabody a su esposo, "mira lo que nos trajeron las hadas". Addie Wilson, la señorita de la casa de enfrente, tal vez escuchaba nuestro rápido toque de puerta, pues algunas veces casi nos sorprendió cuando corríamos a escondernos tras su azalea. Pero la señora Pearson nunca abría la puerta. Año tras año, nuestras pequeñas canastas colgaban de la chapa de su puerta hasta que las azucenas colgaban flácidas y las margaritas se ponían color café.

El año en que cumplí diez años, rogué a mi madre que nos exonerara de ir a la casa de la señora Pearson. Ella sólo movió la cabeza en silencio. "Quizá no lo crean, pero sé que sus canastas alegran a esa solitaria anciana". Así pues, una vez más, Ellen y yo, sujetas de la manita regordeta de Beth, subimos por los escalones hasta su puerta, tocamos con cierta indecisión y corrimos a escondernos tras un arbusto. "Esto es una tonería", susurré a Ellen. "Ella nunca sale".

"¡Silencio!", susurró Ellen con fiereza y señaló hacia la puerta que poco a poco se abría. Una diminuta dama de blancos cabellos salió al pórtico. Tomó la canasta de mayo de la chapa de su puerta y se sentó en el escalón más alto con nuestra canasta en su regazo. De repente, cubrió su cara con las manos.

"¡Cielos, está llorando!", dijo Beth, y corrió hacia ella. Mi madre nos había encargado que cuidáramos a Beth, así que Ellen y yo subimos los escalones tras ella. Cuando llegamos, ella tocaba el hombro de la señora Pearson para consolarla.

"¿Se encuentra bien?", pregunté preocupada.

"Sí querida, estoy bien", respondió mientras levantaba la mirada y se secaba las mejillas. "Ustedes no saben cuánto me encantan sus canastitas de mayo. Yo siempre las dejo en la puerta para que todo el que pase pueda admirarlas". Hizo una pausa y sonrió tímidamente. "Es sólo que me conmovieron algunos recuerdos felices. Verán, hace mucho tiempo, mi hermana y yo solíamos hacer canastas de mayo iguales a ésta".

Beth aún le tocaba el hombro.

"Chicas, ¿les gustaría pasar y tomar un poco de leche con

galletitas integrales? Puedo mostrarles fotografías de cuando teníamos la edad de ustedes".

"Sí", exclamó Beth y entró por la puerta abierta. Como mi madre nos había pedido que no la perdiésemos de vista, la seguimos.

Mientras estábamos sentadas comiendo galletas en la pequeña y limpia sala de la señora Pearson, nos mostraba antiguas fotografías en las que ella y su hermana rodaban aros por asoleadas colinas, jugaban con muñecas en el bosque y, lo mejor de todo, sostenían orgullosas sus pequeñas canastitas de mayo, todas de papel y adornadas con largos moños.

Ojalá pudiese decir que tras nuestra visita la señora Pearson volvió a cuidar su jardín o que abría la puerta en Noche de Brujas y admiraba nuestros disfraces, pero no fue así. Sin embargo, en los años siguientes y hasta que fuimos lo bastante mayores como para tejer canastas de papel y escondernos tras arbustos de lilas, cada primero de mayo subíamos por las escaleras hasta su pórtico y encontrábamos una pequeña canasta sólo para nosotras. Estaba llena de galletas cortadas en forma de flor, con garapiña rosada y espolvoreadas de azúcar.

Faith Andrews Bedford

LECCIÓN DE VIDA #2:
RECONOCE LO QUE TIENES PARA CONTRIBUIR

Muchas mujeres sienten que lo que tienen para dar no sería suficiente para hacer una contribución significativa. No importa cuáles sean tus antecedentes o estudios ni lo que pienses acerca de tus dones, talentos y habilidades, hay algo que sin duda posees, el bien más invaluable: amor. Ése es tu cimiento, pero sabemos que tienes mucho más que dar. Si estás insegura al respecto, pide a tus familiares o amigos que te digan, en su opinión, cuáles son tus dones. Quizá estos atributos te sean difíciles de identificar, pero suelen ser obvios para otras personas.

Es hora de que te hagas cargo de ti y encuentres una manera de contribuir. Consulta la lista de cualidades positivas que identificaste en el primer capítulo y piensa cómo puedes utilizar algunos de esos talentos y dones para beneficiar a otros. Reconsidera tus intereses. ¿Qué es lo que en verdad valoras en la vida? ¿Qué enternece tu corazón? ¿Qué puedes hacer para convertir estos valores e intereses en acciones?

El dar puede tomar muchas formas. Puedes empezar por preparar la cena para un amigo enfermo, escribir una *carta al editor*, registrarte para participar en una barata de alimentos en tu iglesia, entrenar un equipo infantil de fútbol femenil o ayudar a organizar una campaña para el registro de electores. Dar es tan fácil como ofrecer palabras de aliento a las personas con quienes interactúas a diario, tener gestos de consideración o extender cortesías comunes.

> ### Preguntas que conviene hacerse
>
> • Si pudiese cambiar una cosa en el mundo, ¿cuál sería?
> • Si ganase la lotería, ¿con qué organizaciones compartiría el premio?
> • Si realizara una labor voluntaria una vez al mes, ¿dónde sería? ¿Por qué no lo he hecho aún?

Toma una hoja de papel y crea dos columnas. En la primera enlista tus habilidades. ¿Eres buena mecanógrafa? ¿Coses o cocinas bien? Quizá seas una gran oradora o una maravillosa escritora. ¿Tienes habilidades profesionales como conocimientos de derecho o medicina? Anota al menos cinco cosas que hagas bien.

En la segunda columna, anota los problemas sociales o las causas que en verdad te importan. ¿En verdad te preocupan los derechos de los niños? ¿El medio ambiente? ¿El embarazo en adolescentes? ¿La vivienda económica? ¿El hambre en el mundo? ¿Los conductores alcoholizados? ¿La libertad de expresión? ¿Tu religión o creencias espirituales? Una vez más, enlista al menos tres asuntos que toquen tus fibras más sensibles.

Lo que has creado aquí es tu lista de *preferencias para dar* —tus causas favoritas—. Tienes cinco habilidades que a cualquier organización le encantaría que compartieses con ella. Tienes tres asuntos por los cuales te encantaría compartir tus talentos y habilidades. Ahora sal y encuentra una manera de contribuir.

Yo utilizo todo mi ser para ser útil en el mundo.

☕ Tiempo bien invertido

....

Conserva un buen corazón.
Eso es lo más importante en la vida.
No es el dinero que ganas ni lo que puedes adquirir.
El arte de esto estriba en conservar un buen corazón.

JONI MITCHELL

Hacía un frío increíble allá afuera. El viento arremetía por el extremo sur de Manhattan justo a través del lugar donde una vez estuvieron las torres del World Trade Center. Aquellos luminosos edificios ya no estaban ahí para protegernos de la mordedura de ese amargo viento. Y a mí, que soy de Florida, me parecía insoportable. En mi cabeza, repetía una y otra vez: *Soy tan desdichada. Soy tan desdichada. Soy tan desdichada.*

Estábamos vestidos con abrigos gruesos, sombreros rígidos, chalecos salvavidas anaranjados y muchas credenciales de identificación. Estábamos en un viaje de misión hacia Ground Zero (la zona del colapso del WTC) para ayudar y asistir aquellos trabajos durante las labores de limpieza tras los ataques del 11 de septiembre de 2001. Yo miré a mi derecha y vi a algunos rescatistas que rastreaban con una lentitud dolorosa en busca de... bueno, ya sabes qué. Y entonces, el golpe de la realidad: *Ni siquiera sé lo que significa ser desdichada, pero aquellos trabajadores sí que lo saben.*

Seguí mi recorrido por la propiedad de dieciséis acres con mi nuevo amigo, Mac, un capellán voluntario del Departamento de Policía de Nueva York. Ofrecimos agua y chocolate caliente a los rescatistas adentro y alrededor de *el hoyo*. Yo no imaginaba qué productos tan valiosos podían ser el chocolate caliente y el agua. En los Estados Unidos, la mayoría de nosotros podemos conseguir un trago de agua o de chocolate caliente a cualquier hora del día. Pero esos trabajadores, en esas condiciones, no podían ni siquiera caminar por el corredor y obtener el líquido necesario durante sus agotadores turnos de servicio.

Llegamos a un tráiler que decía "morgue". ¡Dios mío —la sola palabra me hace querer correr hacia el lado contrario—! Pero algo me hizo detenerme y llamar a la puerta. El viento soplaba tan fuerte que lastimaba. El polvo y los fragmentos de escombros que arrastraba el aire dificultaban la respiración. La puerta se abrió. Tenía miedo de ver lo que había dentro de ese lugar, de modo que mantuve mis ojos fijos en la mujer que abrió la puerta y le pregunté: "¿Quiere un poco de chocolate caliente?"

"¡Chocolate caliente! ¿En serio?" preguntó. "Me encantaría un poco de chocolate caliente".

"¿Con malvaviscos?", pregunté.

"¿Incluso tienes malvaviscos?" Ella no podía creerlo.

Su rostro se iluminó. Se llamaba Maryanne.

Después, vi que Maryanne se tomaba un descanso en el sótano de la Iglesia de San Pedro —un refugio para los rescatistas y nuestro hogar por una semana—. Charlamos un poco. La noche siguiente volví a encontrármela a la hora de la cena. Me impresionó el hecho de que aquella dulce y gentil señora trabajase en una morgue. Y no en cualquier morgue, sino justo en medio de una de las zonas de guerra más destruidas del país. No quería pensar en todo lo que ella había visto durante los últimos meses.

Al final de la semana, me presenté para mi último turno nocturno oficial en Ground Zero. Mientras entraba al sótano de la Iglesia de San Pedro, vi a Maryanne sentada a una mesa. Su rostro se iluminó cuando me vio bajar las escaleras. Dijo: "Te he estado buscando". Entonces, me acerqué a la mesa. "Te he estado buscando", repitió.

"¿A mí? ¿Me has estado buscando a mí?" En realidad no la conocía tan bien. No estaba a cargo de nada. Tan sólo realizaba un servicio. *¿Qué querría ella de mí?*

"¿Me has estado buscando a mí?", volví a preguntar.

"Pues sí", y se encogió de hombros, "te buscaba a tí".

Silencio. Me di cuenta en aquel momento que Maryanne no tenía nada que decirme. Ninguna pregunta. Ningún comentario. Nada. Tan sólo me buscaba. Sólo quería ver una cara amigable. Una sonrisa.

Aquella semana en Ground Zero, Maryanne me enseñó una importantísima lección de vida. Uno de los mejores regalos que podemos dar a alguien es nuestro tiempo. Nuestra sola presencia puede ser todo un regalo, un presente en verdad precioso.

No he vuelto a ver a Maryanne desde aquella semana. Me pregunto cómo le va. Quisiera poder volver a pasar algo de tiempo con ella. Trabajar en el turno nocturno en Ground Zero fue la peor experiencia de mi vida —pero las lecciones aprendidas en aquel hoyo serán tesoros que llevaré conmigo para siempre—. En verdad, aquel fue tiempo bien invertido.

Karen Fortner Granger

Lección de vida #3:
Cultiva la compasión

La compasión es la conciencia de que todos estamos interconectados. A pesar de nuestras diferencias raciales, socio-económicas, étnicas o generacionales, en esencia, todos somos lo mismo. Todos compartimos los mismos sueños, miedos, luchas, necesidades, esperanzas y alegrías. Compartimos el deseo común de alcanzar la satisfacción y evitar el dolor. Cuando nos despojamos de nuestra fachada exterior, en verdad somos uno solo.

¡Qué hermoso es pensar que nadie necesita esperar un momento, que podemos empezar ahora, poco a poco, a cambiar el mundo!

Anna Frank

Los obstáculos que nos separan se disipan cuando nos damos cuenta de que somos el indigente que ruega por comida. Somos la madre desempleada que se preocupa por cuidar de su familia. Somos el alcohólico que lucha por su sobriedad. Somos la mujer golpeada que necesita un albergue seguro.

Muchas personas tienen una idea equivocada de lo que constituye la verdadera felicidad. No se obtiene por medio de la propia gratificación sino de la fidelidad a un propósito valioso.

Helen Keller

La compasión te ayuda a reconocer que todas las personas obran lo mejor que pueden con la información y las herramientas con que cuentan en este momento. La compasión alivia la culpa y te permite aceptar a otras personas como son a pesar de sus diferencias.

La raíz de la compasión comienza en el hogar, contigo misma. Si eres crítica y dura contigo, tiendes a ser crítica con otras personas. Si eres compasiva y tolerante contigo misma, tiendes a aceptar más a los demás.

Compasión
Conciencia empática de la aflicción de otros acompañada de un deseo de aliviarla.

¿A cuántas mujeres se les va la vida en juzgar y criticar a otras personas? La verdad es que todos lo hacemos. Es nuestra manera de no aceptar que somos tan imperfectos y susceptibles de fallar como la mujer que grita a su hijo en la tienda de juguetes, o el hombre que regaña a la camarera por llevarle la orden equivocada, o la mujer que permanece en un matrimonio abusivo. Todos somos culpables de ser demasiado críticos. Pero creer que somos mejores que otras personas sólo sirve para mantenernos separados.

La expresión de la compasión puede tomar muchas formas: puedes donar tu tiempo, hacer una contribución financiera o compartir tus ideas. La compasión te conecta con el resto de la comunidad. Te permite experimentar una conexión íntima con otra persona, ser capaz de en verdad conocer su dolor. Hace del mundo un lugar más pequeño, menos solitario.

No importa la situación, la compasión es la respuesta adecuada. ¿Puedes extender tu mano para ser más de lo que nunca imaginaste que serías? ¿Puedes encontrar en tu interior una generosidad más grande de la que te creías capaz? Y por más difícil que parezca, la compasión no es suficiente. Debes tomar ac-

> ### Alimento para el pensamiento
>
> Trátate como tratarías a una amiga muy querida. Tú perdonas sus fallas. Toleras sus defectos y errores. Le perdonas casi todo y la aceptas tal como es, no como a ti te gustaría que fuese. Extiende esa misma amabilidad, gentileza y comprensión para ti misma...

ción. Debes poner en práctica tu capacidad de cuidado y preocupación.

Soy compasiva conmigo misma, con mis seres queridos y con todos aquellos con quienes entro en contacto.

Herramienta básica

Cuando sientas el deber de extender tus dones y de tomar la decisión de actuar, un buen lugar para empezar es *www.volunteermatch.com*. Hay organizaciones en todo el país que pueden ser vías fabulosas para expresar tu compasión. Revisa la página y encuentra la organización que te interese. Si aún no estás listo para ofrecer tu tiempo, dedica un minuto tan sólo a echar un vistazo a las miles de posibilidades que hay para participar. Así, cuando estés listo, ya tendrás algunas ideas sobre cómo iniciar. Si no tienes acceso a Internet, consulta el periódico local —o a tu bibliotecario— acerca de las oportunidades de trabajo voluntario que hay en tu comunidad.

🍵 Sangre: el don de la vida

No podemos sostener una antorcha para alumbrar el camino de otra persona sin iluminar el nuestro.

BEN SWEETLAND

Aún reía cuando salí de donar sangre para la Cruz Roja con mis dos hijos menores tras de mí. Mientras recogía nuestros abrigos, alguien me llamó y dijo: "Escuché que usted tiene cuatro hijos pequeños. ¿Por qué dona sangre?"

"¿Bromea?", respondí riendo. "Cuando vengo a donar sangre, los voluntarios que miran a mis hijos, me animan, me dicen cuán maravillosa soy y descanso por veinte minutos. Es un buen trato".

Aunque no lo dije, tenía otra razón para dar; la razón que aún me asusta cuando me permito recordar. Hace dieciocho meses, todo indicaba que mi labor de parto sería rutinaria y daría a luz a otra hija saludable. Pero esta bebé era distinta. Sólo unos momentos antes del nacimiento, ocurrió algo terrible: sufrí una rara embolia amniótica que desactivó el sistema de coagulación de mi sangre.

A medida que la bebé hacía su rápida aparición en el mundo, el personal médico empezó a correr de aquí para allá con miradas preocupadas y voces murmurantes. Mi esposo estaba ahí, desamparado, mientras oía: "No tenemos mucho tiempo... está muy grave... preparen más sangre... no puedo prometerle que se salvará..." Varias agotadoras horas después, tras una cirugía de emergencia y muchas transfusiones, escuchó la dulce noticia de que yo había sido muy afortunada, pues me encontraba entre el catorce por ciento de mujeres que sobrevivía a esta complicación. Esto había requerido de la rapidez y habilidad de ocho médicos, así como de la disponibilidad de veinticinco unidades de sangre.

Un año y un día después volví a ser candidata para donar sangre, y apenas pude contenerme de la emoción. Mi esposo estaba desconcertado. ¿Cómo podía explicarle eso? En algún lugar, hay veinticinco personas que se descubrieron el brazo, se asustaron un poco y observaron (o no) cómo ofrecían en forma gratuita un cuartillo de su sangre vital. Todo lo que recibieron a cambio fueron unas palabras bonitas y un vaso de jugo por parte de los voluntarios de la Cruz Roja.

Esas veinticinco personas no donaron sangre porque les era fácil hacerlo. Tuvieron que salir temprano de su trabajo, atravesar embotellamientos de tránsito o perderse la cena de aquella noche. Tampoco fue que no tenían nada mejor que hacer. Donaron sangre porque un cuartillo de ella podía marcar una diferencia y quizá salvar una vida.

La vida que salvaron fue la mía. Si me vieras, ni siquiera lo imaginarías. Soy sólo otra agobiada madre con aspecto sano aunque agotado. Pero esas veinticinco personas hicieron posible que una bebé creciese acompañada de la risa de su madre y que un joven padre pudiese regresar a casa con su esposa para envejecer con ella. Hoy, en alguna parte, en el corredor de algún hospital, está un joven esposo, un padre, una hermana o un amigo aterrados que esperan con ansia que su ser amado sobreviva, y ese ser se parece muchísimo a mí.

Así pues, hoy doné sangre, y mis dos hijos menores vinieron a ver si la sangre de mamá era tan roja como la última vez o se había puesto verde. Les vendaron el brazo y les pusieron etiquetas para que lucieran como yo, y dieron un vistazo al *don de la vida*. Comimos galletas y bebimos leche, y yo salí de ahí con un poco menos de sangre pero con un corazón mucho más lleno. Y mira, hoy doné sangre, y todo lo que sentí fue bueno.

M. Regina Cram

LECCIÓN DE VIDA #4:
LA BENDICIÓN DE DAR

El acto de dar es su propia recompensa. El servicio a los demás es un acto de reverencia y gratitud por la vida que vives. A medida que reconoces la riqueza de la vida diaria, te surge un impulso natural de querer retribuirla al mundo. Esto se deriva de llevar una vida rica y satisfactoria. Fórmate el hábito de contribuir con algo a la sociedad. Cultiva tu preocupación y compasión innatas por los demás. Comparte la riqueza de todo lo que eres y todo lo que tienes.

Nuestra acción de ayuda rebasa por mucho la contribución individual de cada uno de nosotros. Hacer una contribución, por pequeña que sea, inicia una reacción en cadena. Cada persona que tocas transmite la bondad y el cuidado a

La gratitud nos da entrada a la plenitud de la vida. Hace que lo que tenemos ahora nos baste y nos sobre. Convierte la negación en aceptación, el caos en orden, la confusión en claridad. Puede transformar una comida en un banquete, una casa en un hogar, un extraño en un amigo. La gratitud da sentido a nuestro pasado, nos trae paz al presente y nos crea una visión de futuro.

Melody Beattie

otra persona. Como resultado, tus acciones tienen un efecto dominó.

Tus contribuciones pueden tomar muchas formas, desde grandes proezas de largo alcance hasta simples actos de bondad. A medida que avanzas hacia la vida que deseas, descubrirás que das cada vez más de ti. Darás al hacer lo que haces. Darás al luchar por tus sueños. Darás al compartir tus experiencias y conocimiento. Como resultado, tu vida se convierte en un mensaje de compasión, ánimo e inspiración.

Ahora, la pregunta es: ¿cómo puedes emplear la sabiduría que has obtenido de tu vida para mejorar el planeta? ¿Cómo puedes devolver al mundo una porción de su corazón perdido? Aunque la mayoría de nosotros hemos llegado a entender que no vamos a cambiar el mundo, lo que podemos y en verdad *debemos* hacer es algo, lo que sea, para mostrar la diferencia ... una cosa pequeña cada vez.

Mientras ayudo a otros, experimento las recompensas
de ese servicio.

🍵 El círculo completo

Poseo mi vida y sólo la mía.
Y de esta manera apreciaré a mi persona.
Y de esta manera haré un uso adecuado de mí mismo.

Ruth Beebe Hill

Una luna casi llena de color mantequilla cuelga baja sobre el horizonte y colgada está de una telaraña de nubes. Mis pisadas despiertan el aroma de las hojas caídas. En el aire otra vez helado, se escuchan gritos con aroma de humo y madera que lanzan los niños a lo lejos. Levanto la tapa de una calabaza tallada y, con torpeza, enciendo la luz de la vela en su interior. El único testigo de este jugoso suceso es un vampiro que pasa por casualidad, inconsciente de que éste es el primer año en que soy lo bastante mayor para hacer esta tarea yo sola. Pero el significado no se ha perdido en mí. Muy atenta, cuido la débil flama dentro de la linterna de calabaza y siento que, de repente, me convertí en adulta. Tengo diez años y soy lo bastante responsable para encender con fósforos una calabaza que tallé yo sola con un cuchillo de verdad. En unos pocos minutos me iré a pedir dulces a las casas vecinas y, por primera vez en mi vida, iré sola con mis amigos sin padres que nos acompañen. La euforia trepa por mi cuerpo. Pierdo parte de mi alborozo al correr, brincar y bailar por todo nuestro patio delantero, segura de su familiaridad pero emocionada por la transformación que le han hecho las sombras, la niebla y el claro de luna. Estoy embebida en el rito de difundir incienso de calabaza chamuscada.

Veinticinco años después, una luna casi llena cuelga baja en el horizonte en una Noche de Brujas. Ahora estoy en una casa distinta, en otro estado. Ser *grande* ya no resulta tan emocionante como una vez lo fue. Pero los olores son los mismos. Tierra, rocío, hojas, humo, flama. Los aromas de la nostalgia. Como de costumbre, soy la encendedora voluntaria de calabazas. Y este año mis hijos son bastante mayores y ya se interesan en mi ritual. Se juntan a mi alrededor: dos princesas medievales y un caballero de reluciente armadura se posicionan para ver bien. "¿Puedo encender la siguiente?", pregunta ansioso uno de ellos. Esto genera un coro de "¡Yo, yo, yo quiero hacerlo!" Les informo que aún no son lo bastante grandes. "Bueno, ¿cuándo lo seremos?", quiere saber uno de mis trillizos de tres años.

"Quizá cuando tengan diez años", respondo mientras recuerdo. "¡Pero falta mucho para eso!", grita Rapunzel. Sé que no es así, pero no discuto. En cambio, desvío la conversación. "¡Oigan, chicos! ¿Quién está listo para ir a pedir dulces?" Como si fuesen uno solo, los tres saltan una y otra vez mientras gritan: "¡Yo, yo!" Si fuesen más entusiastas, habrían salido disparados de su piel hasta el cielo, como pequeños cohetecillos de botella. Pero sólo empezaron a corretearse unos a otros por todo el patio, sin alejarse mucho de las piscinas de luz sombreada que arrojaban el farol y las linternas de calabaza. En medio de su algarabía, sentí que, de repente, me convertía en niña. De repente, volví a tener diez años. Vuelvo a sentir esa misma euforia y pierdo parte de mi alborozo al unirme a la frenética danza de mis hijos alrededor del patio delantero.

Muy pronto, todos empezamos a gritar, reír y aullar mientras hacemos cabriolas en medio de la neblina y el claro de luna. "¡Mamá! ¡Mira qué grandes somos! ¡Ni siquiera tenemos miedo a la oscuridad!", gritó con júbilo uno de ellos. Y, en efecto, ¡qué grandes eran!

Y ellos, con su nueva grandeza, y yo, con mi nueva pequeñez, bailamos por entre las sombras de nuestro hogar, intoxicados por el olor a calabaza chamuscada.

Karen C. Driscoll

Lección de vida #5:
Celebra, celebra

Ahora que llegas al final de este libro te felicitamos por los pasos que has dado para crearte una vida más satisfactoria. Muy pocas mujeres se sienten cómodas al reconocer sus logros. Los pasan por alto y avanzan hacia el siguiente reto. Rara vez aligeran el paso lo suficiente para notar que han cambiado. No perciben que por medio de pasos progresivos en verdad han logrado cambios importantes en su vida.

Quizá sientas vergüenza de atraer demasiado la atención hacia ti. Tal vez la idea de celebrar los cambios internos y externos que has hecho te parezca un tanto extraña. Sin embargo, es importante reconocer lo que has logrado y lo mucho que has crecido. El ánimo y el reconocimiento alimentan las semillas de los cambios futuros.

Muchas personas subestiman el esfuerzo que se requiere para crear una vida de calidad. Haz algo que comunique tu aceptación y aprecio por el sitio donde estás en la vida y por cuán lejos has llegado. Cómprate un ramo de flores, escríbete una carta de aprecio o regálate una buena comida.

Las mujeres que eligen vivir una vida auténtica tienen ciertas características. He aquí algunas cualidades de estas mujeres tan notables.

Las mujeres auténticas:

Están dispuestas a ser las dueñas legítimas de lo que saben, de lo que han experimentado y de lo que son.

Están conectadas con su pasión, vitalidad, sabiduría e individualidad.

Son libres de expresar sus pensamientos, sentimientos y necesidades.

Están conectadas con su fortaleza interior.

Viven su vida con integridad y asumen la responsabilidad por ellas mismas, su satisfacción y sus acciones.

Honran su cuerpo como el templo de su espíritu.

Son las protagonistas principales de sus propias vidas.

Luchan por sus sueños.

Muestran capacidad para el amor, la comprensión y la compasión.

Están conscientes de su interconexión con la vida y de su deber de hacer una contribución significativa al mundo, no porque lo sientan como una obligación sino porque se sienten plenas.

Y, por último, una mujer auténtica confía en ella misma.

Ésta es la mujer en la que ahora te conviertes.

El mundo es un lugar mejor porque tú eres una de sus ciudadanas predilectas. No hay duda al respecto. Regálate un mensaje de aprecio por la mujer atenta, comprometida y amorosa que eres en verdad. Comienza con este sencillo mensaje: "Yo me amo, yo me valoro". Repítete esto todos los días o cada vez que necesites un pequeño empujón. La gente está hambrienta de reconocimiento y tú no eres la excepción. Este tipo de reconocimiento te hará florecer. Quizá te sientas algo torpe al principio. La mayoría de las mujeres han sido educadas para decir a otros cuánto los aman y valoran.

Quizá a algunas les parezca egoísta prodigarse este tipo de atención. Pero esto hace mucho tiempo que ya debió haberse superado.

Considera cuán diferente sería tu día si lo primero que hicieras cada mañana fuese decirte una frase cariñosa justo después de despertarte. Piensa en esto como en una vitamina diaria para el alma. Siéntete orgullosa de quien eres en verdad. Acéptate en tu totalidad —la mujer que abarca todo lo que haces y todo lo que eres—.

Hazte el compromiso de empezar cada día con este mensaje personal de aprecio. Da gracias por todas tus bendiciones. Y empieza ahora a vivir la vida que mereces.

Yo celebro las maneras en que he crecido y la mujer en la que me he convertido.

♌♌ El toque final

LA VIDA QUE AMAS

Haz una lista de todas las formas en que has cambiado desde que empezaste a leer este libro. ¿Te dedicas más tiempo? ¿Te has convertido en tu propia prioridad? ¿Te sientes más segura de ti misma? ¿Te es más fácil decir "no" y poner límites? ¿Has descubierto tu pasión y la has vuelto parte de tu vida cotidiana? ¿Vives con más sencillez? ¿Estás más dispuesta a pedir ayuda, consejo o asistencia? ¿Cultivas tus conexiones con tus amigos y familiares? ¿Has descubierto la manera de hacer de cada día algo sagrado?

Haz una lista de diez formas en que hayas mejorado tu vida. Puedes incluir desde cambios pequeños y apenas perceptibles hasta logros más significativos. *Lo importante es el progreso, no la perfección.* Reconoce todo lo que has hecho para crear la vida que amas.

¿Más caldo de pollo?

Muchos de los relatos y poemas que has leído en este libro nos fueron proporcionados por lectoras como tú que habían leído libros anteriores de la colección de *Caldo de pollo para el alma*. Nosotros publicamos al menos cinco o seis libros de *Caldo de pollo para el alma* cada año. Te invitamos a contribuir con una historia en uno de nuestros próximos volúmenes.

Las historias pueden constar de hasta 1,200 palabras y deben ser edificantes o inspiradoras. Puedes enviar un texto original, algo que hayas leído o tu cita favorita de la puerta de tu refrigerador.

Para obtener una copia de las instrucciones para el envío de colaboraciones y una lista de los próximos libros de *Caldo de pollo*, por favor escríbenos, envíanos un fax o revisa nuestro sitio en internet.

Por favor envía tus colaboraciones a:

Chicken Soup for the Soul
Apdo. Postal 30880
Santa Barbara, CA 93130
Fax: 805-536-2945
Página en internet: *www.chickensoup.com*

Tan sólo envía una copia de tus relatos u otros escritos a la dirección anterior.

Nos aseguraremos de que tanto a ti como al autor se les dé el crédito por su colaboración.

Para información acerca de charlas, otros libros, cintas de audio, talleres y programas de entrenamiento, por favor contacta a cualquiera de nuestros autores de manera directa.

Ayudar a otros

Con la intención de ayudar a otros, un porcentaje de las ganancias de *Lecciones de la vida para mujeres* serán donadas a las asociaciones Women's Economic Ventures (wev) y la American Foundation for aids Research (amfar).

Women's Economic Ventures (Empresas Económicas de las Mujeres) (wev) es una organización no lucrativa dedicada a ayudar a que las mujeres se vuelvan autosuficientes económicamente por medio de la creación de empresas y el desarrollo profesional. Establecida en 1991, la wev (su pronunciación aproximada es *"uív"*) proporciona servicios en inglés y español, y hoy atiende a más de 1,000 clientas al año en los condados de Santa Bárbara, San Luis Obispo y Ventura, en California.

El curso de capacitación en autoempleo, que dura catorce semanas, prepara a las clientas para crear o expandir una empresa. La wev también proporciona asesoría continua para sus egresadas y permite el uso de su programa de capacitación a otras organizaciones tanto a nivel regional como nacional.

El *Small Business Loan Fund* (Fondo de préstamos para pequeñas empresas), administrado por la wev, ofrece micropréstamos de hasta 100 mil dólares para hombres y mujeres de ingresos bajos y moderados que deseen fundar o ampliar una pequeña empresa.

wev's *W! Membership Organization* proporciona la red y el apoyo de la asociación para graduadas del programa y empresarias en las comunidades en las que brinda sus servicios.

Para obtener mayor información sobre programas, servicios y eventos, por favor dirígete a:

Women's Economic Ventures (WEV)
333 South Salinas Street
Santa Barbara, CA 93103
805-965-6073
info@wevonline.org

La American Foundation for AIDS Research (Fundación Estadounidense para la Investigación del SIDA) (AMFAR) es la principal organización no lucrativa del país dedicada a apoyar las investigaciones sobre el VIH/SIDA, la prevención del SIDA, la educación sobre el tratamiento y la defensa de políticas públicas adecuadas en torno al SIDA. Sostenida por contribuciones voluntarias de individuos, fundaciones y corporaciones, AMFAR ha invertido casi 207 millones de dólares en apoyo de su misión desde 1985 y ha recibido donaciones de más de 1,960 equipos de investigación de todo el mundo.

Desde que comenzó la epidemia, la AMFAR ha estado a la cabeza de los esfuerzos para proteger los derechos humanos de todas las personas infectadas por el VIH/SIDA y asegurar la adopción de políticas públicas racionales y compasivas relacionadas con el SIDA.

AMFAR
120 Wall Street, piso 13
Nueva York, NY 10005-3908
212-806-1600
fax: 212-806-1601
www.amfar.org

¿Quién es Jack Canfield?

Jack Canfield es uno de los principales expertos en el desarrollo del potencial humano y la efectividad personal. Es un conferencista dinámico y entretenido, y un instructor muy solicitado. Jack posee una capacidad maravillosa para comunicarse con el público e inspirarlo para avanzar hacia mayores niveles de autoestima y lograr un rendimiento óptimo.

Es autor y narrador de varias cintas de audio y video que han tenido grandes éxitos de ventas. Incluyen, *Self-Esteem and Peak Performance, How to Build High Self-Esteem, Self-Esteem in the Classroom* y *Chicken Soup for the Soul-Live.* Aparece con frecuencia en programas de televisión como *Good Morning America, 20/20* y *NBC Nightly News.* Ha sido coautor de numerosos libros, incluida la serie de *Caldo de pollo para el alma, Dare to Win* y *The Aladdin Factor* (todos ellos con Mark Victor Hansen), *100 Ways to Build Self-Concept in the Classroom* (con Harold C. Wells), *Heart at Work* (con Jacqueline Miller) y *The Power of Focus* (con Les Hewitt y Mark Victor Hansen).

Jack es un reconocido conferencista que con regularidad es convocado por asociaciones profesionales, distritos escolares, agencias gubernamentales, iglesias, hospitales, organizaciones de ventas y corporaciones. Entre sus clientes han estado la American Dental Association, la American Management Association, AT&T, Campbell's Soup, Clairol, Domino's Pizza, GE, ITT, Hartford Insurance, Johnson & Johnson, el Million Dollar Roundtable, NCR, New England Telephone, Re/Max, Scott Paper, TRW y Virgin Records. También ha impartido cursos con nivel profesional en Income Builders International, una escuela para empresarios.

Jack dirige una vez al año un curso de siete días llamado *Capacitación para instructores,* dirigido al área de la autoestima y el rendimiento óptimo. El curso ha atraído a empresarios, educadores, consejeros, terapeutas de pareja, instructores laborales, conferencistas profesionales, ministros y otras personas interesadas en desarrollar sus habilidades para hablar en público e impartir seminarios.

Para mayor información sobre sus libros, cintas y programas de capacitación, o para invitarlo a dar una charla, por favor dirígete a:

Self-Esteem Seminars
Apdo. Postal 30880
Santa Barbara CA 93130
Teléfono: 805-563-2935
Fax: 805-563-2945
Página en internet: *www.jackcanfield.com*

¿Quién es Mark Victor Hansen?

En el área del potencial humano, nadie es mejor conocido y más respetado que Mark Victor Hansen. Durante más de treinta años, Mark se ha enfocado especialmente a ayudar a gente de todos los orígenes sociales y profesionales a reconstruir su visión personal sobre lo que es posible. Sus poderosos mensajes sobre la posibilidad, la oportunidad y la acción han ayudado a crear un cambio poderoso y asombroso en miles de organizaciones y millones de individuos en todo el mundo.

Es un conferencista muy solicitado, escritor de éxito y experto en mercadotecnia. El currículum de Mark incluye toda una vida de éxito empresarial, además de una amplia preparación académica. Ha sido autor de varios bestsellers, entre los que destacan *The One Minute Millionaire, The Power of Focus, The Aladdin Factor* y *Dare to Win*, junto con la serie de *Caldo de pollo para el alma*, Mark también ha tenido una profunda influencia a través de su extensa biblioteca de programas de audio y video, y de sus enriquecedores artículos con temas como "pensar en grande", "el éxito en ventas", "la creación de riqueza", "el éxito editorial" y "el desarrollo personal y profesional".

Mark también es fundador de MEGA Book Marketing University y de Building Your MEGA Speaking Empire. Se trata de dos conferencias anuales en las que Mark capacita y educa a autores noveles o aspirantes a serlo, a conferencistas y a otros expertos sobre cómo construir carreras lucrativas como editores y conferencistas.

Su energía y exuberancia llegan a los lugares más recónditos por medio de la televisión (*Oprah, CNN* y *The Today Show*), la prensa escrita (*Time, U.S. News & World Report, USA Today, The New York Times* y *Entrepeneur*) y por incontables entrevistas en la radio y los periódicos, pues asegura a la gente que "uno puede construir con facilidad la vida que merece".

Como filántropo y humanista apasionado, ha recibido numerosos reconocimientos que honran su espíritu empresarial, su corazón filantrópico y su ingenio comercial. Entre ellos, el prestigiado premio Horatio Alger Award por los extraordinarios logros de su vida, los cuales son un poderoso ejemplo de que el sistema de libre empresa aún ofrece oportunidades para todos.

Mark Victor Hansen es un defensor entusiasta de todo aquello que es posible hacer realidad y que conduce al mundo a ser un lugar mejor.

Mark Victor Hansen & Associates
Apdo. Postal 7665
Newport Beach, CA 92658
Teléfono: 949-764-2640
fax: 949-722-6912

Recursos GRATIS en internet: www.markvictorhansen.com

¿Quién es Stephanie Marston?

Stephanie Marston es una aclamada escritora, conferencista y experta en calidad de vida. Sus libros se han publicado en varias partes del mundo. Entre ellos se encuentran *If Not Now, When?*, *The Magic of Encouragement* y *The Divorced Parent*. Stephanie es también la autora de *Chicken Soup's Life Coaching for Parents: Six Weeks to Sanity*.

Stephanie es terapeuta familiar y matrimonial titulada, con más de veinticinco años de experiencia en problemas de la mujer y la paternidad.

La señora Marston ha aparecido en numerosos programas de radio y televisión como *The Oprah Winfrey Show*, *The Early Show* y *Women-to-Women*.

También es una de las expertas más solicitadas en el país y comparte su sabiduría sobre toda una gama de asuntos relacionados con la calidad de vida y la familia, en especial cómo equilibrar las prioridades de la vida cuando éstas entran en conflicto y cómo crear una vida de alta calidad. Ha impartido seminarios en varias partes del mundo para más de cincuenta mil mujeres, padres y profesionales de la salud mental.

Stephanie pronuncia discursos de apertura e imparte seminarios y talleres para organizaciones femeninas, corporaciones, grupos de padres, conferencias profesionales, asociaciones y público en general. Entre sus clientes han estado el Departamento de Agua y Energía de Los Ángeles, Chanel, The Young Presidents Organization, el Union Bank, Norhtrop Corporation, ARCO Corporation, los Paramount Studios, el Centro Médico Cedar-Sinai, Jackson Lewis Attorneys at Law, el Parkville Hospital, las WCI communities y The Junior Leagues of America.

Ya seas una profesionista que busca modular las exigencias del trabajo y la familia, una mujer madura que trata de salir airosa de esta difícil etapa, una madre frustrada que intenta crear una mayor armonía en su hogar o una mujer que ya está cansada de tener una existencia agobiante, Stephanie Marston tiene las respuestas para ti.

Para mayor información acerca de sus libros, cintas y programas, o para invitarla a dar una charla, por favor dirígete a:

Life Quality Seminars
Apdo. Postal 31453
Santa Fe, Nuevo México 87594-1453
Teléfono: 505-989-7596
Fax: 505-989-4486
Página en internet: *www.stephaniemarston.com*

Colaboradores

Sherry Baker escribe poesía y prosa, y ha tenido una profunda conexión con la naturaleza toda su vida. Aún se pasea extasiada por la esplendorosa costa oeste de la Isla Vancouver. Ahora trabaja en su segundo libro. Visita su página en internet en *msn/groups/STARDREAMING* o envíale un mensaje a su correo electrónico: *sherrym@shaw.ca*.

Vickie Baker, ganadora del Premio Amy en 1996, sufrió un accidente casi fatal durante un acto de trapecio en el circo, por causa del cual quedó cuadripléjica. Vivió sola con su gata en Denver, Colorado. Trabajó como escritora independiente e impartió un curso de Cuidados Asistidos en el Craig Hospital en Denver. Es autora de los relatos "On Wings of Joy" y "Surprised Hope". Vickie contaba con un bachillerato en Ciencias, una licenciatura en Administración de Empresas y una maestría de Trabajo Social. Falleció el 13 de octubre de 2003.

Faith Andrews Bedford es autora de diversos libros de historia del arte. Escribe la columna "Kids in the Country" para el periódico *Country Living*. Puedes contactarla en *faithab@aol.com*.

Karen Blue, residente en México desde la edad de cincuenta años, ha escrito y publicado *Midlife Mavericks: Women Reinventing Their Lives in Mexico*, en coedición con *Living at Lake Chapala* (*www.mexicoinsights.com*), revista mensual publicada en internet. También es columnista mensual de *Living in Mexico: From a Woman's Perspective*, publicada en *www.mexconnect.com*.

Isabel Bearman Bucher prosigue su romance con la vida, su esposo, sus hijos y sus amigos. Su primer libro, *Nonro's Monkey: An Italian-American Memoir*, aún está en busca de casa editorial. A ella y a su esposo Robert les encanta realizar intercambios de residencia en todo el mundo, apreciar y elogiar su buena salud y observar de manera comprensiva y compasiva cómo sus hijos y nietos encuentran su camino.

Maura J. Casey escribe para *The Day*, un diario de New London, Connecticut. Ha escrito para periódicos desde 1983. Sus columnas se han publicado en más de cincuenta publicaciones en todo el país. Vive con su esposo Peter J. Panzarella y sus dos hijos, Anna y Tim, en una zona rural de Connecticut. Puedes contactarla en *m.casey@theday.com*.

K.K Choate fue ama de casa durante doce años antes de convertirse en empresaria. *Mamá todopoderosa* es su primera obra publicada. Mujer casada y madre de dos hijas. Sus historias son humorísticas, vivaces y orientadas a la familia. No importa tu edad o raza, te encontrarás a ti y a tu familia en sus ensayos. Para más información, por favor búscala en *KChoate874@aol.com*.

Mary Joe Clendenin tiene una licenciatura en Educación por la Universidad Cristiana de Abilene; maestría en Ciencias Naturales por la New Mexico Highlands University; especialidad y doctorado en Educación por la Universidad del Estado de Nuevo México. Escribe una columna semanal para el *Stephenville Empire Tribune* y es autora de diez libros. Puedes encontrarla en *www.ourtown.com/clendenin* o en *mjclen@ourtown.com*.

Pamela Gilchrist Corson es escritora y conferencista que inspira el cambio en las personas y presidenta de PR-Link Public Relations. Profesional de la comunicación con más de veinte años de experiencia, asesora a sus clientes en asuntos de mensajería informática y mercadotecnia. Ofrece seminarios de oratoria y capacitación en medios, es directora de una galardonada revista e imparte cursos de escritura periodística en la Xavier University. Sus conferencias y textos ayudan a la gente a construir relaciones más sólidas con Cristo y con el prójimo. Pam vive en Cincinnati, Ohio, con su esposo Glenn. Puedes contactarla en el 512-233-9090 o *www.pamgilchrist.com*.

M. Regina Cram es columnista y escritora independiente. Escribe una columna a menudo humorística acerca de los retos de incorporar la fe en la vida diaria y otra columna para adolescentes en el servicio de noticias de la Iglesia Católica. Regina vive con su esposo y sus cuatro hijos adolescentes, y puedes buscarla en *r.cram@cox.net*.

Twink DeWitt, después de veinticinco años como esposa de Denny, un piloto de la Armada, ella y él trabajaron con las organizaciones Mercy Ships y Youth with a Mission. Fundaron la asociación Heritage Anchor para ayudar a otros a escribir historias familiares que se conviertan en legados para las futuras generaciones. La pasión de Twink es ver cómo otros mejoran su escritura. Puedes encontrarla en *dewitt@tyler.net*.

Sue Diaz es una columnista humorística que ha recibido varios premios; guionista de anuncios publicitarios y escritora. Es autora de una colección de ensayos titulada *The Snake in the Spin Cycle, and Other Tales of Family Life*. También imparte el curso de educación para adultos "Write Your Life's Experiences". Puedes contactarla en *www.suediaz.com*.

Karen C. Driscoll es madre de cuatro hijos pequeños. Sus obras han aparecido en *Chicken Soup for the Mother & Daughter Soul;* la serie *Chocolate for a Woman's Soul; E-Pregnancy; Mothering Magazine; Brain-Child* y la antología *Toddler.* Puedes buscarla en *KMHBRDRISCOLL@hotmail.com.*

Avis Drucker es licenciada en sociología, graduada con honores. Trabajó en el área de capacitación corporativa. Hoy se encuentra retirada en Cape Cod. Ha publicado escritos en *Primetime, The Aurorean* y *The Chronicle.* Recibió mención honorífica en poesía dentro del concurso anual de literatura del *Writer's Digest.* Afirma que "escribir, viajar y mi familia son las pasiones que llenan mi vida".

Nancy B. Gibbs está casada con un pastor de su iglesia y es, además, madre y abuela. Es escritora independiente y publica una columna semanal sobre religión. Sus trabajos han aparecido en varios libros de la serie *Caldo de pollo para el alma* y en cientos de publicaciones más. Es autora de cuatro libros. Puedes encontrarla en *Daiseydood@aol.com* o en *www.nancybgibbs.com*

Karen Fortner Granger es publicista, conferencista y escritora independiente. Vive en el sur de Florida con su esposo Eric. Para información relacionada con temas de oratoria, consulta *www.karengranger.com.*

Stacey Granger ha escrito ensayos sobre maternidad durante los últimos diez años. Otros ensayos suyos han aparecido en libros anteriores de la serie *Caldo de pollo para el alma.* Además de su labor literaria, Stacey es una fotógrafa premiada; se especializa en retrato infantil. Puedes contactarla en *www.staceygranger.com.*

Louise Hamm, administradora jubilada, empezó a escribir después de su retiro. Ha publicado poemas, artículos sobre negocios y relatos de no ficción, de los cuales uno se publicó en *Chicken Soup for the Kid's Soul* y otro en *Chicken Soup for the Golden Soul.* Tiene tres hijos y dos nietos.

Jennie Ivey, anteriormente maestra de historia, hoy trabaja como escritora. Es columnista para el periódico de su localidad y escribe artículos e historias para revistas. Es autora de *Tennessee Tales the Textbooks Don't Tell,* una colección de relatos tomados de la historia de Tennessee. Puedes buscarla en *jivey@multipro.com.*

June Cerza Kolf, tras criar a su familia, se dedicó doce años a brindar ayuda en un hospicio e inició su carrera literaria. Ha publicado seis libros acerca del duelo y las enfermedades terminales y colabora con frecuencia en revistas de motivación. Su libro más reciente, *Standing in* *the Shadow,* es para personas que han sufrido el suicidio de alguien cercano.

Patricia Lorenz, a quien le encanta llenar de naturaleza su ajetreada vida como escritora y conferencista, es una de las principales colaboradoras de la serie *Caldo de pollo para el alma,* y sus relatos aparecen en diecisiete de estos libros. Es autora de más de 400 artículos; colaboradora en quince de los libros Daily Guideposts; columnista galardonada, y autora de cuatro libros. Los dos últimos, *Your Life's Too Short to Fold Your Underware* y *Grab the Extinguisher, My Birthday Cake's on Fire* pueden ordenarse por medio de Guideposts Books en *www.dailyguideposts. com/store.* Para invitar a Patricia a dar una charla, contáctala en: *patricialorenz@juno.com.*

Barbara McCloskey obtuvo su licenciatura en Artes por la Universidad de Wisconsin-Parkside, donde se graduó con honores en 1991. Vive feliz con su esposo Ken y su gato Vinnie en una casa de Wisconsin. Desde niña le gusta escribir y continuará explorando este exigente pero satisfactorio medio de expresión por el resto de su vida.

Kay Collier McLaughlin es doctora en Psicología Clínica por el Union Institute. Editora del prestigiado periódico *The Advocate,* es además fundadora y directora de Solo Flight, organización para la educación y defensa de las adultas solteras. También es consultora, conferencista motivadora e instructora en desarrollo del liderazgo. Puedes encontrarla en *kcollierm@diolex.org.*

Karen McQuestion es escritora. Sus obras han aparecido en numerosas publicaciones, entre ellas los periódicos *Newsweek, Chicago Tribune* y *Denver Post.* Vive en Hartland, Wisconsin, con su esposo y tres hijos.

Janet Lynn Mitchell es esposa, madre, escritora y conferencista que inspira el cambio en la persona. Es coautora de *A Special Kind of Love, for Those Who Love Children with Special Needs,* coedición de Broadman and Holman/Focus on the Family, 2004. Puedes buscarla en *JanetLM@ prodigy.net* o enviarle un fax al 714-633-6309.

Carol McAdoo Rehme, una de las colaboradoras más prolíficas de la serie *Caldo de pollo para el alma,* ha descubierto que su ocupación —la escritura motivacional— es el lugar perfecto para compartir sus lecciones de vida. Como directora fundadora de Vintage Voices, Inc., agencia no lucrativa que proporciona programas interesantes e interactivos para hogares de personas mayores, observa el altruismo en su forma más pura: entre los ancianos. Puedes contactarla en *carol@rehme.com* o en *www.rehme.com*

Deborah M. Ritz, escritora y educadora, obtuvo su licenciatura en Artes en el Dickinson College y la maestría en Enseñanza por la Universidad de Richmond. Promueve talleres de creación literaria para niños y maestros en Virginia y también ha fungido como escritora residente. Presta también sus servicios en el Museo de Bellas Artes de Virginia. Puedes encontrarla en *dr@moonlitwaters.com.*

Kris Hamm Ross es maestra en la Grace School en Houston, Texas. También es escritora y sus obras han aparecido en revistas educativas, en *The Houston Chronicle* y en otros libros de la serie *Caldo de pollo.* Su esposo Matt, su hijo Jay y los alumnos de quinto grado a quienes enseña con tanto gusto son inspiración frecuente para las historias que escribe. Puedes contactarla en *Klross@pdq.net.*

Myra Shostak es escritora y maestra. Posee una maestría en desarrollo infantil y otra en trabajo social. Es autora de *Rainbow Candles: A Chanukah Counting Book.* Myra es aficionada a la caligrafía, la encuadernación de libros, la escritura, el acolchamiento, al trabajo con niños y al aprendizaje de cosas nuevas. Puedes buscarla en *MyraC345@msn.com.*

Deborah Shouse es escritora, editora y una soñadora que cree en aprovechar al máximo las lecciones de la vida. Su último libro es *Making Your Message Memorable: Communicating Through Stories.* Su obra ha aparecido en las publicaciones *Spirituality & Health, Reader's Digest, Newsweek, Woman's Day, Family Circle* y *Ms.* Visita su página en internet: *www. thecreativityconnection.com.*

Susan Siersma, madre de tres hijos, encuentra gran placer en la lectura, la jardinería orgánica y la ejecución del violín. También le gusta dar largas caminatas con su esposo, sus nietos y su perro Tipperary. La inspiración para sus obras proviene de la vida cotidiana y la gente que la rodea. *Wisdom of the Birds (La sabiduría de las aves)* está dedicada a la memoria de su padre.

Sharla Taylor es miembro de la National League of American Pen Women (Liga Nacional de Escritoras Estadounidenses), Inc. Ha colaborado con textos para *Chicken Soup for the Sister's Soul,* Expert Resumes for Health Care Careers y otras publicaciones. Lee más acerca de sus escritos en: *www.sharlataylor.com http://www.sharlataylor.com/.* La página de su negocio es: *www.athomewithwords.com.* Correo electrónico: *athomewithwords@msn.com.*

Beverly Tribuiani-Montez es escritora independiente radicada en Brentwood, California. Le gusta escribir la *verdad* en toda su fragilidad. Cree que todo es posible. Lleva un tatuaje con el nombre de su esposo. Siente una simpatía especial por los adolescentes. Admira a quienes son fieles a sí mismos y también promueve la educación. Escribe como una manera de procesar la vida e inspirar a otros. Puedes contactarla en *bevie1967@aol.com*.

K.K. (Katherine Komninos) Wilder, educadora retirada, vive en Burlington, Vermont, donde trabaja como escritora y editora independiente. Su obra aparece principalmente en la colección *Don't Sweat Stories*. Su columna "Disability Happens" obtuvo la presea Governor's Service Award en 2002.

Rita V. Williams es directora ejecutiva de un centro de crisis del embarazo en North Platte, Nebraska. Da pláticas a este grupo de personas y sobre los servicios que presta este centro. CardioJam recibe apoyo del gobierno local para obtener donaciones y difundir actividades. Rita planea ayudar a comercializar el programa de salud de la ciudad llamado "I'm watching it!". Las cintas de CardioJam cuestan 10 USD con el envío incluido. Puedes contactar a Rita en *riatwcr@kdsi.com*.

Susan Carver Williams es escritora y editora independiente radicada en Durham, Carolina del Norte. Su compañía The Artful Word se especializa en el desarrollo de contenidos así como en la planeación y diseño de boletines y materiales adicionales para pequeñas empresas y organizaciones no lucrativas. Susan es la creadora de Touchstones, unos recetarios personalizados únicos en su tipo, entre otros tipos de regalos memorables. Puedes encontrarla en *artfulword@nc.rr.com*.

Ferida Wolff es la autora de *Listening Outside Listening Inside*, libro de motivación para adultos, así como de dieciséis libros para niños. Fue alumna y maestra de yoga durante veintiséis años y hoy promueve talleres de meditación. Puedes buscarla en *www.feridawolff.com* o en *fwolff@reols.com*.

Beadrin (Pixie) Youngdahl vive en Minnesota, donde trabaja como enfermera calificada. Viaja cuando tiene oportunidad y lee casi siempre cuando no está en movimiento (y a veces aunque lo esté). Puedes contactarla en *Beadrin@aol.com*

Lynne Zielinsky es escritora independiente de Huntsville, Florida. Cree que la vida es un regalo de Dios y que lo que nosotros hagamos con ella será nuestro regalo para Dios. Puedes encontrarla en *ARISWAY@aol.com*.

Permisos *(continuación de la página legal)*

Sigue a tu corazón. Reproducido con permiso de Sherry Baker. ©2003 Sherry Baker.

Visión desde un nido vacío. Reproducido con permiso de June Cerza Kolf. ©1992 June Cerza Kolf.

Mamá todopoderosa. Reproducido con permiso de Kristy Choate. © 1997 Kristy Choate.

Dar el salto. Reproducido con permiso de Katherine Komninos Wilder. ©1988 Katherine Komninos Wilder.

Convivir con la naturaleza. Reproducido con permiso de Nancy B. Gibbs. ©2003 Nancy B. Gibbs.

El arte de decir "no". Reproducido con permiso de Karen McQuestion. ©2001 Karen McQuestion.

Disfrutar del momento. Reproducido con permiso de Stacey Granger. ©2000 Stacey Granger.

Una mejor educación. Reproducido con permiso de Barbara McCloskey. ©2003 Barbara McCloskey.

Estacionarse en el centro de la cochera. Reproducido con permiso de Louise R. Hamm. ©2001 Louise R. Hamm.

Sentirte libre. Reproducido con permiso de Ferida Wolff. ©1999 Ferida Wolff.

Vida después de la muerte. Reproducido con permiso de Rita V. Williams. ©2001 Rita V. Williams.

Si yo tuviese suerte. Reproducido con permiso de Avis P. Drucker. ©2002 Avis P. Drucker.

Palos y piedras. Reproducido con permiso de Carol McAdoo Rehme. ©2002 Carol McAdoo Rehme.

El puesto de cazador. Reproducido con permiso de Jennie M. Ivey. ©2003 Jennie M. Ivey.

Una impresión duradera. Reproducido con permiso de Sharla Taylor. ©2002 Sharla Taylor.

Granny cumple nueve años. Reproducido con permiso de Lucie H. DeWitt. ©2002 Lucie H. DeWitt.

Las mejores verdades. Reproducido con permiso de Isabel Bearman Bucher. ©Isabel Bearman Bucher.

Saber de qué cuerda te puedes sujetar. Reproducido con permiso de Myra C. Shostak. ©1998 Myra C. Shostak. Aparecido originalmente en COPING – Invierno de 1998.

Imperdibles y carteros. Reproducido con permiso de Janet Lynn Mitchell. ©2002 Janet Lynn Mitchell.

Lazos que unen. Reproducido con permiso de Pamela Gilchrist Corson. ©2002 Pamela Gilchrist Corson

Me voy con el circo. Reproducido con permiso de Ida A. Hendricks. ©Vickie Baker.

Aferrarse a los sueños. Reproducido con permiso de Kristy Hamm Ross. ©2002 Kristy Hamm Ross.

Salta hacia la vida. Reproducido con permiso de Karen Blue. ©2002 Karen Blue.

La tiara de cumpleaños. Reproducido con permiso de Deborah Ritz. ©2002 Deborah Ritz.

¡A brincar! Reproducido con permiso de Maura J. Casey. ©2003 Maura J. Casey.

Los ensueños mueren. Reproducido con permiso de Lynne Zielinski. ©1996 Lynne Zielinsky.

De todos modos ¿quién quiere ser millonario? Reproducido con permiso de Susan Bindas Díaz. ©2001 Susan Bindas Díaz.

Un lugar tranquilo. Reproducido con permiso de Beverly Tribuiani-Montez. ©2003 Beverly Tribuiani-Montez.

La mesa del comedor. Reproducido con permiso de Kay Collier McLaughlin. ©2003 Kay Collier McLaughlin.

Aguilar es un sello editorial del Grupo Santillana
www.alfaguara.com

Argentina
Av. Leandro N. Alem 720.
C1001AAP, Buenos Aires.
Tel. (54 114) 119 50 00
Fax (54 114) 912 74 40

Bolivia
Av. Arce 2333.
La Paz.
Tel. (591 2) 44 11 22
Fax (591 2) 44 22 08

Colombia
Calle 80, 10-23.
Bogotá.
Tel. (57 1) 635 12 00
Fax (57 1) 236 93 82

Costa Rica
La Uruca,
Edificio de Aviación Civil,
200 m al Oeste
San José de Costa Rica.
Tel. (506) 220 42 42 y 220 47 70
Fax (506) 220 13 20

Chile
Dr. Aníbal Ariztía 1444.
Providencia.
Santiago de Chile.
Telf (56 2) 384 30 00
Fax (56 2) 384 30 60

Ecuador
Av. Eloy Alfaro N33-347
y Av. 6 de Diciembre.
Quito.
Tel. (593 2) 244 66 56
y 244 21 54
Fax (593 2) 244 87 91

El Salvador
Siemens 51.
Zona Industrial Santa Elena.
Antiguo Cuscatlan - La
Libertad.
Tel. (503) 2 505 89 y 2 289 89
20
Fax (503) 2 278 60 66

España
Torrelaguna 60.
28043 Madrid.
Tel. (34 91) 744 90 60
Fax (34 91) 744 92 24

Estados Unidos
2105 NW 86th Avenue.
Doral, FL 33122.
Tel. (1 305) 591 95 22 y 591 22
32
Fax (1 305) 591 91 45

Guatemala
7ª avenida 11-11.
Zona nº 9.
Guatemala CA.
Tel. (502) 24 29 43 00
Fax (502) 24 29 43 43

Honduras
Boulevard Juan Pablo,
casa 1626.
Colonia Tepeyac.
Tegucigalpa.
Tel. (504) 239 98 84

México
Av. Universidad, 767.
Colonia del Valle.
03100, México D.F.
Tel. (52 5) 554 20 75 30
Fax (52 5) 556 01 10 67

Panamá
Av. Juan Pablo II, 15.
Apartado Postal 863199, zona 7.
Urbanización Industrial
La Locería.
Ciudad de Panamá
Tel. (507) 260 09 45

Paraguay
Av. Venezuela 276.
Entre Mariscal López y
España.
Asunción.
Tel. y fax (595 21) 213 294 y
214 983

Perú
Av. San Felipe 731.
Jesús María.
Lima.
Tel. (51 1) 218 10 14
Fax. (51 1) 463 39 86

Puerto Rico
Av. Rooselvelt 1506.
Guaynabo 00968.
Puerto Rico.
Tel. (1 787) 781 98 00
Fax (1 787) 782 61 49

República Dominicana
Juan Sánchez Ramírez 9.
Gazcue.
Santo Domingo RD.
Tel. (1809) 682 13 82 y 221 08
70
Fax (1809) 689 10 22

Uruguay
Constitución 1889.
11800.
Montevideo.
Tel. (598 2) 402 73 42 y 402 72
71
Fax (598 2) 401 51 86

Venezuela
Av. Rómulo Gallegos.
Edificio Zulia, 1º.
Sector Monte Cristo.
Boleita Norte.
Caracas.
Tel. (58 212) 235 30 33
Fax (58 212) 239 10 51

Printed in the United States by HCI Printing
Impreso en los Estados Unidos por HCI Printing